Liebe Leserinnen, liebe Leser!

„Die blaue Küste hat sich gewandelt und mehr als jede andere Stadt hat sich Nizza verändert."

Nach Jahren des Stillstands ist die Côte d'Azur heute wieder „in". Die „blaue Küste" hat sich gewandelt. Und mehr als jede andere Stadt hat sich Nizza verändert. In der einstigen Rentnermetropole eröffneten trendige Läden und Hotels, angesagte Restaurants und Bistros. Zudem leistete sich die Stadt aufwendige Sanierungen, es entstanden neue Museen und ein Kongresszentrum.

Nizza, Toulon und Marseille erfinden sich neu

Auch Toulon hat sich ein Schönheitsprogramm verordnet. Hier wurde die Altstadt aufwendig saniert, und nun hat man große Pläne für die Schaffung einer künstlichen Insel mit Aquarium und Unterwasserhotel. Zu wahren Höhenflügen setzte daneben Marseille an, die zweitgrößte Stadt Frankreichs. Die Europäische Sporthauptstadt und Austragungsort der olympischen Segelwettbewerbe 2024 erlebt seit dem Kulturhauptstadtjahr 2013 einen rauschen Boom. Nicht nur um den Alten Hafen hat sich das Gesicht der vor mehr als 2600 Jahren begründeten Mittelmeermetropole radikal verändert. Deswegen haben wir Marseille, das streng genommen nicht mehr zur Côte d'Azur zählt, auch in diesen Band aufgenommen. Wenn Sie mehr über die neuen Bauprojekte an der „blauen Küste" wissen wollen, dann schauen Sie sich die Seiten 110 f. an. Dort stellen wir die aktuellen architektonischen Großprojekte vor.

Naturschönheiten in Hülle und Fülle

Daneben punktet die Côte d'Azur mit ihren Naturschönheiten: ein in den herrlichsten Blautönen schimmerndes Meer, stille Buchten, verträumte Häfen und im Hinterland Dörfer inmitten von Lavendelfeldern. Wer Natur und Natürlichkeit liebt, kommt auf seine Kosten. Seine persönlichen Lieblingsplätze zum Relaxen verrät Robert B. Fishman auf S. 18 f. Wenn Sie sich nach absoluter Ruhe sehnen, folgen Sie seinem Tipp und setzen Sie auf die der Küste vorgelagerten Inselchen über. Die parkartige Landschaft auf Sainte-Marguerite und Saint-Honorat hat man zumindest im Frühjahr, Herbst und Winter weitgehend für sich allein.

Herzlich

Birgit Borowski
Programmleiterin DuMont Bildatlas

Björn Göttlicher *lebt in der Nähe von Barcelona und ist als Fotograf weltweit unterwegs. An die Côte d'Azur zieht es ihn immer wieder.*

Robert B. Fishman *aus Bielefeld schreibt für namhafte Zeitungen und Magazine. Die Côte d'Azur kennt er seit den 1970er-Jahren und hat sie für den Bildatlas neu entdeckt.*

64 Ein eigenes Parfum kreieren? Dann auf nach Grasse, ins Herz der europäischen Parfumindustrie.

42 Rund eine Million Menschen besuchen alljährlich den Karneval in Nizza. Hinter den Kulissen agiert eine Menge an Spezialisten.

20 Menton bildet das Tor zur Côte d'Azur. Von den gepflegten Parkanlagen aus sind es nur wenige Schritte bis zum Strand.

50 Im Hinterland von Cannes, das als eleganteste Stadt der Riviera gilt, breiten sich die blauvioletten Blütenteppiche der Provence aus.

Cap Ferrat / Monaco 20 – 35
In und um Cannes 50 – 71
Toulon und Grüne Provence 86 – 101
An der Küste des Var 72 – 85
Marseille und Umland 102 – 115
Nizza 36 – 49
1
2
3
4
5
6
7
8
9
10
11
12
GRENOBLE
Gap
Briançon
Digne-les-Bains
Sisteron
Manosque
Aix-en-Provence
MARSEILLE
TOULON
La Seyne-s.-M.
Hyères
Brignoles
Draguignan
Fréjus
St-Raphaël
Cannes
Antibes
NICE
Monaco
Menton
Ventimiglia
Grasse
Ste-Maxime
St-Tropez
La Ciotat
Aubagne
Carpentras
CUNEO
Pinerolo
Saluzzo
Savigliano
Iles d'Hyères
Parc National des Calanques
Île de Porquerolles
Côte d'Azur
FRANCE
ITALIA
Dauphiné
Provence
Alpes Maritimes
M A R   M E D I T E R R Á N E O
Maßstab 1:1.100.000
0
10km

Topziele

Die bedeutendsten Sehenswürdigkeiten der Region und Erlebnisse, die Sie auf keinen Fall versäumen sollten, haben wir auf dieser Seite für Sie zusammengestellt. Auf den Infoseiten ist das jeweilige Highlight als **TOPZIEL** *gekennzeichnet.*

KULTUR

1 Chagall-Museum in Nizza: Das ganze Universum eines großen Künstlers in einem eigenen Museum: Gemälde in Öl, Gouachen, Zeichnungen – mit diversen religiösen und profanen Themen. **Seite 47**

2 Kathedrale von Fréjus: Saint-Léonce mit Baptisterium und Kreuzgang ist ein wunderschöner Anblick für Freunde der romanischen Baukunst. **Seite 84**

3 Abtei Le Thoronet: Vollendete romanische Baukunst in der „Grünen Provence", an einem magischen Ort der Besinnung und Harmonie. **Seite 101**

AKTIV

4 Nationalpark Mercantour: Ausflug ins nahe Gebirge: Schluchten, Schafe, Steine und die grandiosen Felsritzungen der Altvorderen. **Seite 34**

5 Die Calanques: Die Wanderwege durch den Nationalpark beginnen am Stadtrand von Marseille. **Seite 114**

NATUR

6 Lerinische Inseln: Grün, still und weit. **Seite 70**

7 Rote Felsen, Esterel: Steil stürzen die roten Felsen ins azurblaue Meer. **Seite 71**

ERLEBEN

8 Fürstenpalast Monaco: Wachsoldaten in weiß-roten Uniformen vor den Fassaden aus dem späten Mittelalter. **Seite 34**

9 Zirkusfestival Monte Carlo: Die besten Artisten der Welt perfekt inszeniert. **Seite 34**

10 Nizzas Altstadt: Enge Gassen voller Leben zwischen pastellbunten Fassaden – das pralle Bild des Südens. **Seite 47**

11 Toulons geheime Gassen: Die verwinkelte Altstadt mit den Läden und Cafés steht der berühmten Schwester in Nizza kaum nach. **Seite 99**

12 Marseille: Die Kirche Notre-Dame-de-la-Garde überragt die größte Stadt und den eindrucksvollsten Hafen der Region. **Seite 114**

Müßiggang am Strand

Ein wenig schwimmen, auf dem Badetuch liegen und den Gedanken nachhängen: Das türkisgrüne Wasser in der Bucht von Cap Ferrat tut das Seinige dazu. Ungewöhnlich ist der englische Name – Paloma Beach – für die Küstenregion Frankreichs. Unbeeindruckt vom Badespaß duften im Hinterland wilde Blumen und die Pinienhaine spenden Schatten.

Lebenskunst in der Stadt

Die größten Städte der Region – Marseille, Toulon und Nizza – bilden ein Triumvirat. Sie alle sind innovative Wirtschaftsstandorte und damit Lebensadern des Küstenstreifens. Über den Kommerz hinaus aber sind sie Zentren von Kultur und Kunst. Französisches Savoir-vivre wetteifert hier um die Gunst der Gäste, und so machen sie sich alle auch immer wieder schön, wie Toulon seine Altstadt.

Träume im Hafen

Segler schätzen die Region als eines der schönsten Reviere der Welt, es lohnt sich, mal hier und mal dort anzulegen. Beim Rundgang durch einen Hafen wie den von Cassis können Landratten auf diese Weise Jachten aller Größen bewundern und ein wenig davon träumen, vielleicht selbst einmal ...

Die ganz großen Shows

Größtes Fest an der Côte d’Azur: der Karneval in Nizza im Februar/März (Foto). Keine andere Veranstaltung lockt mehr Besucher an. In der milden Vorfrühlingsluft ziehen farbenprächtige Karnevalsgruppen über die Promenade des Anglais. Im benachbarten Cannes versammeln sich Mitte Mai Kinostars und -sternchen zum großen Schaulaufen. Und das winzige Fürstentum Monaco hat es geschafft, das Formel-1-Rennen mitten in die Stadt zu holen.

An der azurblauen Küste

Der Mittelmeerabschnitt zwischen Marseille und Menton ist mehr als ein Stück Küste. Seit den 1950er-Jahren steht die Côte d'Azur für die ewig junge Leichtigkeit des Seins unter südlicher Sonne. Große Künstler schätzten das unvergleichliche Licht und die inspirierenden Motive, die dieser berühmte Teil Frankreichs Tag und Nacht bietet. Als Künstlerdorf par excellence gilt Èze Village, das mit freier Sicht auf Meer und Cap Ferrat punktet.

Die besten Relaxpunkte

Durchatmen an der Küste

Ausgehen, Feiern, Städte, Stau. Die im Sommer überlaufene Côte d'Azur kann ganz schön anstrengend werden. An den hier aufgeführten Orten können Sie durchatmen, die Meeresbrise spüren, dem Wind und den Wellen lauschen, sich am Grün sattsehen, in die faszinierende Wasserwelt eintauchen oder klare Bergluft atmen und zur Ruhe kommen.

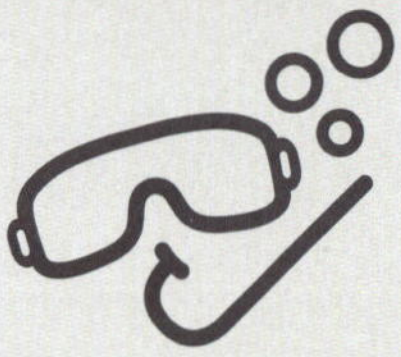

1 Eine Runde Reiche gucken

Ein ehemaliger Zöllnerpfad führt um die Halbinsel Saint-Jean-Cap-Ferrat, über Steilklippen und Strände, an den Luxusvillen der Stars und Bonzen vorbei. In den Felsbuchten liegen Sonnenhungrige. Mutige klettern über die Klippen zum Abkühlen ins Wasser. Der Rundweg beginnt an der Plage de Passable (Abb.) und führt am Leuchtturm vorbei um die ganze Halbinsel einschließlich der Pointe de Saint-Hospice über den Hauptort Saint-Jean mit Hafen, Cafés und Restaurants bis nach Beaulieu-sur-Mer. Wenn Sie sich Zeit lassen, sind Sie auf der elf Kilometer langen Strecke einen ganzen Tag lang unterwegs.

www.saintjeancapferrat.fr

2 Unter Wasser wandern

Mit Schnorchel und Taucherbrille erleben die Besucher die Unterwasserwelt in der Bucht Anse des Fossettes bei Saint-Jean-Cap-Ferrat. Der Meeresschutzverein SOS Grand Bleu bietet eine Unterwasserwanderung sowie meereskundliche Ausflüge an.

SOS Grand Bleu, Tel. 04 93 76 17 61, Mobil 06 63 43 43 21, www.sosgrandbleu.asso.fr

3 Reif für die Inseln

Die schönsten Landschaften der Côte d'Azur liegen im Wasser: Die Inseln Sainte-Marguerite (Abb.) und Saint-Honorat vor Cannes stehen unter Naturschutz. Niemand darf dort bauen. Auf Marguerite steht ein altes Fort mit einem Meeresmuseum, auf Saint-Honorat ein Kloster. Der Rest: Pinienwälder, Parklandschaft und Felsstrände, die Sie im Frühjahr, Herbst und Winter werktags für sich alleine haben können. Auch vor Hyères liegen kleine ruhige Inseln wie Porquerolles mit ihren Sandstränden, der Nationalpark Port-Cros und die Ile du Levant.

Überfahrt nach Sainte-Marguerite und Saint-Honorat ab Cannes-Hafen ca. 20 Min., im Sommer auch ab Juan-les-Pins

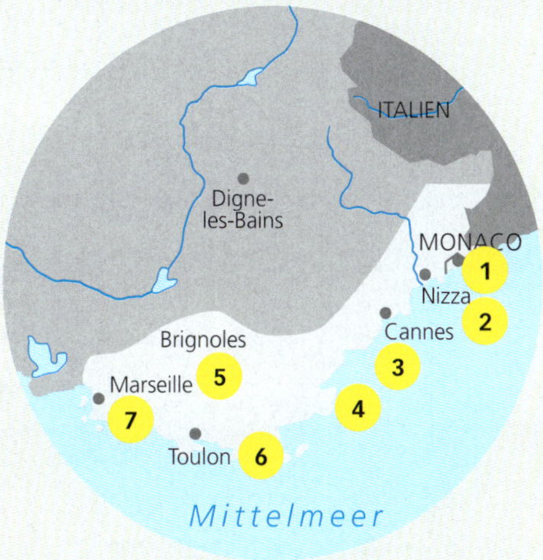

4 Rote Felsen im blauen Meer

Vom Osten kommend endet hinter Cannes die bis dort komplett zugebaute Küste. Die naturbelassenen roten Felsen mit ihren Korkeichenwäldern treffen nun ungestört aufs tiefblaue Meer. Die Küstenstraße Richtung Cap Dramont führt an kleinen Badebuchten und stillen Fleckchen zwischen Korkeichenwäldern, Felswänden und Meer vorbei – genau richtig, um die Blicke aufs Meer zu genießen.

Ab Cannes in Richtung Saint-Raphaël

5 Weite Wälder, stille Flüsse

Nördlich von Brignoles haben sich 39 Gemeinden zur Grünen Provence (Provence Verte) vereint: Wälder gibt es hier, etwa im Massif de Sainte-Baume zum Wandern, kleine Flüsschen zum Kanu- und Kajakfahren, Kletterfelsen; Restaurants servieren frische, heimische Produkte und aus der Zeit gefallene provenzalische Dörfer wie Frankreichs erstes Biodorf Correns (Abb.) laden zum Besuch.

Office de Tourisme La Provence Verte,
Carrefour de l'Europe,
83170 Brignoles,
Tel. 04 94 72 04 21,
www.la-provence-verte.net

6 Mehr Meer sehen und Delfine

Wale sind vor der Côte d'Azur eher selten anzutreffen, aber Delfine kommen gerne mal vorbei. Wenn sie Lust haben – und Sie Glück –, dürfen Sie ihnen vom Boot aus begegnen. Einige nach dem Meeresschutzabkommen Pelagos zertifizierte Anbieter veranstalten mit ihren Booten Wal- (oder eher Delfin-) Beobachtungstouren. Einige Anbieter: Méditerranée Pêche Découverte in Beaulieu-sur-Mer; Le Chant des Dauphins in Port Fréjus (Ausfahrten mit 12-Meter-Segelboot auch für Menschen mit Behinderung); XL Cruise Beach Tours in Hyères; Découverte du Vivant in Sanary-sur-Mer; Atlantide in Bandol sowie Bio Marine in Cassis.

Ein Überblick mit Links zu den Anbietern findet sich unter: www.sanctuaire-pelagos.org/fr/activites-humaines/localisez-les-operateurs.

7 Stiller Fjord in Stadtnähe

Die weißen Felswände und Fjorde der Calanques am südöstlichen Stadtrand von Marseille hat die französische Regierung nach hitzigen Diskussionen zum Nationalpark erklärt. Keine fünf Kilometer vom Alten Hafen führen Wanderwege durch die raue Felslandschaft am leuchtend türkisfarbenen Meer. Kleine und zumindest werktags stille Badebuchten lassen hier die Nähe der Großstadt vergessen.

www.calanques-parcnational.fr

Flitternder Glanz des Südens

Im Schatten grober Hochhausklötze leuchtet Monaco im Jetsetglanz: Fürstenhochzeit in Gala-Uniform, Zirkusfestival, Belle-Époque-Flair am Casino und edle Schiffe im Hafen. Dabeisein ist alles. Abseits der Glamourkulisse gibt es auch in Monaco noch das ganz normale, entspannte Leben des Südens. Vor allem in den Bergen des Mercantour unweit der Küste weht ein völlig anderer Wind.

Monacos Hafen zeigt seine nächtliche Schönheit im Farbspiel von Tiefblau und Tiefgolden.

Flaniert man durch die zwischen 1905 und 1912 erbaute Villa Ephrussi de Rothschild in Saint-Jean-Cap-Ferrat, fallen die feine architektonische Gestaltung und der reiche Dekor ins Auge.

Ein Fußweg führt rund ums Cap Ferrat und seine edlen Villen.

Hoch über einer Steilküste liegt das autofreie Künstlerdorf Èze Village. Von dort hat man einen herrlichen Blick auf das Cap Ferrat. Angeblich soll Friedrich Nietzsche hier Teile seines Werks „Also sprach Zarathustra" geschrieben haben. Ein Nietzsche-Pfad greift das auf.

Die ehemaligen Zöllnerpfade dienen heute als Wanderwege entlang der Küste.

„Manchmal muss man sich vom Nichtstun ausruhen."

Jean Cocteau

Die einheimischen Fischer schätzen die Bucht von Villefranche wegen ihrer reichen Bestände. „Wir fangen hier Sardellen, Sardinen, Goldbrassen, kleine weiße Thunfische, Langusten und Hummer", schwärmt Jean-Paul Roux, Vorsitzender der Fischer von Villefranche. „Wir haben hier alles."

Welcome in Villefranche

Die Begeisterung für den Ort mit seinen Gassen aus dem 16. und 17. Jahrhundert, mit den pastellfarbenen Fassaden und dem tiefblauen Meer teilt Roux mit einem der bekanntesten unter Frankreichs Dichtern und Künstlern. 1924 reiste der opiumsüchtige Jean Cocteau nach einer Entziehungskur nach Villefranche. Er liebte die Farben des Südens, die Sonne, das Meer, blieb und kam fast jeden Sommer wieder ins Hotel Welcome direkt am Hafen. Weil er mit seinem Charisma und seinem Namen viele Gäste anlockte, gab ihm der Wirt das Zimmer kostenlos und noch ein zweites dazu. Dort konnte Cocteau ungestört weiter Opium rauchen. Ansonsten schrieb er Briefe, Texte und machte den Fischern in den 1950er-Jahren ein Geschenk: Von seinem Zimmer aus blickte er auf die heruntergekommene Kapelle Saint-Pierre, die dem Verein der Fischer gehört. Sie lagerten dort ihre Netze, bis Cocteau vorschlug, die Kapelle zu bemalen. Seitdem zieren seine Fresken das wiederhergestellte Kirchlein. Heiraten dürfen hier nur Fischer und deren Kinder. Einmal im Jahr findet eine Messe statt.

Das Hotel Welcome, heute mit drei Sternen dekoriert, hält Cocteaus ehemaliges Zimmer in Ehren. „De temps en temps il faut se reposer de ne rien faire" – dieses Zitat steht an der Kopfwand des Bettes. „Manchmal muss man sich vom Nichtstun ausruhen."

Am Cap Ferrat

Ein Motto auch für die Millionäre und Milliardäre, die mit ihren Jachten so gern in der Bucht von Villefranche zwischen dem Cap Ferrat und dem Cap de Nice ankern. Oft liegen die teuersten Privatschiffe tagelang in der Bucht, häufig auch Kreuzfahrt- oder Kriegsschiffe. Die Ankerplätze gehören zu den tiefsten der ganzen Gegend, das Mittelmeer fällt hier extrem steil ab. 200 Meter vom Ufer entfernt werden bis zu 200 Meter Wassertiefe gemessen, 800 Meter vor der Küste schon 400 Meter. So mancher Schwimmer hat die kalten Strömungen und die plötzlich aufkommenden starken Wellen in der scheinbar so stillen Bucht schon unterschätzt.

Sicherer ist es an einem der vielen Strände in der Bucht zwischen Ville-

Szenen aus Monaco: Casino in abendlicher Stimmung, die viel gerühmte Aussicht auf den Hafen voller Luxusjachten, der übliche Trubel vor dem Hôtel de Paris und die Kathedrale am Rande der Altstadt von Monte-Carlo (im Uhrzeigersinn)

franche und der Halbinsel Cap Ferrat. Schwimmende Markierungen trennen die bewachten Planschräume vom großen weiten Meer. Draußen auf dem Cap geht es wilder zu. Weil der Staat den Bürgerinnen und Bürgern per Gesetz freien Zugang zum Meer garantiert, mussten die Eigentümer der vielen in großen Parks versteckten Luxusvillen ihre Zäune hinter den Klippenweg zurücknehmen. Auf den rauen Felsen sonnen sich Einheimische wie Touristen. Zum Ausruhen vom Nichtstun geht man nach Saint-Jean-Cap-Ferrat, zum Bummeln und Eisessen nach Beaulieu.

Wo die Kugel rollt

Überschüssiges Geld lässt sich auch in Monaco schnell und effektiv unters Volk bringen, sei es im Casino, sei es im Edelnachtclub Jimmy'z gleich nebenan. Er gehört wie das Casino, das luxuriöse Hôtel de Paris und andere feine Immobilien der 1863 gegründeten Société des Bains de Mer et du Cercle des Étrangers à Monaco S. A. (Seebadgesellschaft und Ausländerclub des Fürstentums Monaco AG), heute Monte-Carlo SBM. Wer rechtzeitig deren Aktien gekauft hat, kann getrost noch eine Runde weiterspielen und sich nach einem Liegeplatz für eine Jacht umsehen. Zwischen 1963 und 2004 sind die Immobilienpreise in Monaco nach Recherchen des Magazins „Focus“ um 3500 Prozent gestiegen. Nach einer kleinen Pause während der Wirtschaftskrise 2008/09 explodieren die Immobilienpreise wieder. Kostete eine verkaufte Neubauwohnung 2011 noch durchschnittlich 2,9 Mio. Euro, waren es 2016 bereits 6,1 Mio. Euro, so Monacos Statistikamt IMSEE. 2016 war mit Transaktionen im Wert von 2,2 Mrd. Euro das beste Immobilienjahr seit dessen Bestehen. Ein Ende des Booms ist nicht in Sicht, sagen die Statistiker.

Banken, Bonzen und Beton

So könnte das Motto des 195 Hektar kleinen Zwergstaats am Felsen von Monte-Carlo lauten. An fast jeder Ecke steht

Im Jardin de la Serre de la Madone in Menton startet die Saison im Februar mit Magnolienblüten.

Die Grenzstadt Menton ist die östlichste Gemeinde der französischen Riviera. Gleich hinter dem Hafen beginnt Italien.

Menton ist berühmt für seine Gärten, die nicht nur durch ihre Bepflanzung bestechen, sondern auch durch die Aussicht, wie der Blick vom Jardin de la Serre de la Madone auf die Stadt beweist.

Artisten von Rang und Namen treten beim Zirkusfestival in Monaco auf.

Show und Glamour gehören zu den wesentlichen Zutaten des Zirkusfestivals.

Special

Côte d'Azur

Die azurblaue Küste

Das an klaren Tagen wirklich azurblaue Meer gab Frankreichs beliebtester Ferienküste im 19. Jahrhundert ihren Namen.

Der 1830 in Dijon geborene Schriftsteller Stéphen Liégeard veröffentlichte 1887 ein Buch mit dem Titel „Die Côte d'Azur". Vermutlich wollte er das damals gebräuchliche englisch-italienische „French Riviera" durch einen französischen Begriff ersetzen. Die Côte beginnt an der italienischen Grenze am östlichen Stadtrand von Menton. Das westliche Ende sehen manche in Mandelieu, Saint-Raphaël oder Saint-Tropez, andere in Toulon oder Cassis. Riviera heißt der Abschnitt zwischen Menton und dem Flüsschen Var am westlichen Stadtrand von Nizza. Nach anderer Lesart endet die Riviera an der Grenze zum Département Var bei Cannes. Einen historischen, ethnischen oder kulturellen Hintergrund dafür, diese Küste unter einem Begriff zusammenzufassen, gibt es allerdings nicht.

Irgendwo leuchtet immer das Blau.

Die Grafschaft Nizza östlich des Flüsschens Var gehörte bis 1860 zu Savoyen, das Gebiet der heutigen Départements Var, Bouches-du-Rhône und der westlichen Alpes-Maritimes unterstanden dagegen großteils lange provenzalischen Grafen. Vor allem für Lokalpatrioten in der ehemaligen Grafschaft Nizza ist „Côte d'Azur" ein völlig überflüssiger Kunstbegriff.

ein Polizist, gewandet in eine schicke dunkelblaue Uniform mit weißem Helm und weißen Handschuhen. Spricht man die Uniformierten an, heben sie die Hand zum Gruß an die Mütze und antworten mit ausgesuchter Höflichkeit.

Am Jachthafen und vor allem auf dem Platz vor dem Casino verkehren Rolls-Royce, Maserati und Ferrari wie anderswo VW Polo und Golf. Man zeigt, was man hat, selten aufdringlich, aber stets unübersehbar. Echte Monegassen gibt es zwischen den vielen Steuerflüchtlingen und Luxustouristen kaum noch. Von 38 499 Einwohnern hatten Ende 2016 gut 5000 Frauen und 4000 Männer die monegassische Staatsbürgerschaft.

Ganz großer Zirkus

Beim jährlichen Zirkusfestival zelebrieren Ende Januar erstklassige Artisten, Choreografen, Clowns und Zirkusfachleute ihren großen Auftritt unter der weiten Zirkuskuppel in Fontvieille. Was 1974 aus einer persönlichen Passion des 2005 verstorbenen Fürsten Rainier heraus in einem Zelt begann, lockt heute Fans aus der ganzen Welt nach Monaco. Beinahe 4000 pro Vorstellung finden in dem Zirkuszelt Platz und bestaunen die Artisten. „Die besten", wie Besucher und Veranstalter immer wieder feststellen. Eine mit internationalen Fachleuten

Impressionen aus dem Parc National du Mercantour: Küste und Berge liegen an der Côte d'Azur nur eine kurze Autofahrt voneinander entfernt.

besetzte Jury unter dem Vorsitz von Prinzessin Stéphanie von Monaco lädt die Zirkuskünstler ein und vergibt am Ende des Festivals die begehrtesten Auszeichnungen der Branche: Goldene und Silberne Clowns, die Oscars für Artisten.

Wärmster Punkt des Landes

Ruhiger lebt es sich im benachbarten Menton. Einst Frankreichs Metropole für betuchte Rentner, hat sich das Städtchen in den letzten Jahren deutlich verjüngt. Man schätzt den wärmsten Flecken der Republik im Schatten der hohen Berge, die unangenehmes Wetter ebenso abhalten wie anderes Ungemach der Welt. Berühmt ist Menton für seine

Die kühle Schönheit des Nationalparks kontrastiert mit der flirrenden Küste.

Gärten. Die meisten von ihnen ließen reiche Engländer anlegen, die in der zweiten Hälfte des 19. Jahrhunderts die Riviera als mildes Winterquartier für sich entdeckt hatten. Im Jardin du Palais Carnolès gedeihen 400 verschiedene Arten von Zitrusfrüchten – Europas bedeutendste Sammlung ihrer Art. Der Jardin de Maria Serena beherbergt tropische wie subtropische Pflanzen.

Zeugen der Vorzeit

Direkt hinter der Stadt ragen die Felswände der Seealpen fast senkrecht in den Himmel. Breil-sur-Roya, nur 40 Kilometer nördlich, hat schon mehr als 2000 Meter hohe Gipfel. 21 000 Quadratkilometer dieser Bergwelt hat Frankreich zum Nationalpark Mercantour erklärt. Dessen kühle, einsame Schönheit bildet einen scharfen Kontrast zum flirrenden Küstenstrich. Wanderer und Naturliebhaber zieht es hierher, wie jene, die an rund 5000 Jahre alten Felsritzungen aus der frühen Bronzezeit interessiert sind.

ZITRONENFEST

Marsch der Giganten

Mit Tonnen an Zitrusfrüchten, Gummibändern und Metall lockt Menton in nur zwei Februarwochen jedes Jahr etwa eine halbe Million Besucher an. In monatelanger Arbeit gestalten Handwerker und Designer eine gigantische Fantasiewelt aus Früchten und Figuren: das Zitronenfest.

Das Zitronenfest haben die Stadtväter in den 1930er-Jahren erfunden, um Touristen in die Stadt zu locken. Jedes Jahr steht es unter einem neuen Motto: Mal sind es die großen Zivilisationen der Menschheit, mal das Kino, die Raumfahrt oder Musik aus der ganzen Welt, einzelne Länder oder Kontinente.

An die Arbeit!

Kaum hat der Rat der Stadt das Thema für das nächste Zitronenfest bestimmt, gibt es für Stéphanie Perez kein Halten mehr. Die Grafikerin und Absolventin der Kunstakademie in Nizza setzt sich an den Computer und entwirft Wagen, riesige Gitterkonstruktionen und fantasievolle Figuren: einen Minotaurus, eine gigantische Holztreppe, die zu einer Maya-Pyramide führen wird, oder eine sechs Meter hohe Sphinx – je nach Thema. Ihr Entwurf wird maßstabsgetreu umgerechnet und in Originalgröße direkt auf den Boden der riesigen Halle im ehemaligen Schlachthof der Stadt gezeichnet.

Draußen im Hof schweißen derweil Handwerker die haushohen Eisengitterkonstruktionen zusammen, an denen später rund 300 000 Orangen und Zitronen hängen werden. Jede einzelne Frucht muss von Hand am Gitter befestigt werden – bei 25 bis 30 Kilo Früchten pro Quadratmeter eine wahre Sisyphusarbeit. Damit später beim Festzug niemand das rohe Eisen sieht, umwickeln Hilfskräfte das Gestänge komplett mit Buchsbaumzweigen.

Stéphanies Schwester Isabelle schneidet aus bis zu fünf Meter hohen Styroporblöcken mit Säge und Messer Rohlinge für ihre Riesenfiguren. Allein am Arm des Minotaurus etwa arbeitete sie mehr als einen halben Tag.

Kurzlebige Werke

Die rund zwei Millionen Euro teure Arbeit von insgesamt 300 Menschen mündet in den großen Festzug. Im Februar und März stehen viele der bunten, duftenden Kunstwerke im Stadtpark. Ist alles vorbei, werden die verwertbaren Früchte – das sind rund ein Drittel der Orangen und Zitronen, die meist aus Spanien kommen – von der Stadt an Händler und Privatleute verkauft.

In Menton und Umgebung servieren die Cafés und Restaurants zu Ehren des Fests allerlei Spezialitäten aus den sauren Früchten. Berühmt sind die „tartes aux citrons" (Zitronentörtchen) und der Zitronenlikör.

Cup Cakes und Wikinger erobern die Côte d'Azur: Das Zitronenfest in Menton ist genau richtig für den ganz großen Auftritt.

Stéphanie und Isabelle Perez erschaffen haushohe Figuren für die Festwagen.

Fakten und Informationen

Das Fest in Zahlen: Innerhalb von 19 Tagen im Februar/März gibt es fünf Festzüge insgesamt, drei davon bei Nacht. Ausstellungen, ein „Salon" mit Zitronenerzeugnissen und Kunsthandwerk sowie ein großes Feuerwerk runden das Programm ab.
Es fallen rund 20 000 Arbeitsstunden, 140 Tonnen Orangen und Zitronen für die Festwagen und Gärten, 1 Tonne Gummibänder sowie etwa 15 Tonnen Stahl für die Konstruktionen an.

www.fete-du-citron.com

Parc National du Mercantour
Mont Clapier
Lac du Basto
Mont Bégo
Vallée des Merveilles
Cime du Diable
Lac des Mesches
Vallon de la Minière
Cime de la Nauque
Tende
Col de Tende
Fort de la Marguerite
Saint-Dalmas-de-Tende
Gorges de Bergue
Fontan
Saorge
Gorges de Saorge
Breil-sur-Roya
Col de Brouis
Sospel
Col de Turini
Col de Braus
Lucéram
L'Escarène
Contes
Saint-Martin-Vésubie
Vallon de Salèse
Valdeblore
Saint-Dalmas
Venanson
Route des Grandes Alpes
Roquebillière
Belvédère
Lantosque
Utelle
Gorges de la Vésubie
Levens
Duranus
Tourrette-Levens
Carros
Saint-Martin-du-Var
Gattières
Saint Jeannet
La Gaude
Saint-Paul
Saint-Laurent-du-Var
CAGNES-sur-Mer
NICE
Villefranche-sur-Mer
Beaulieu-sur-Mer
Saint-Jean-Cap-Ferrat
Cap Ferrat
Èze
Cap-d'Ail
La Turbie
Beausoleil
MONTE-CARLO
MONACO-VILLE
MONACO
Roquebrune-Cap-Martin
Cap Martin
MENTON
Castellar
Sainte Agnes
Castillon
Col de Castillon
Peille
Peillon
Blausasc
Drap
La Trinité
Saint André
Falicon
Colomars
Aspremont
Mont Chauve
Olivetta San Michele
Airole
VENTIMIGLIA
Giardini Botanici Hanbury
Camporosso
Grimaldi
Mortola Inf.
MAR LIGURE
Maßstab 1:200.000
0 2 4km
1
2
3
4

Zwischen Gebirge und Meer

Im Schutz der Berge kleben die zumeist italienisch geprägten Küstenstädtchen nahe Monaco dicht gedrängt an den Felsen. Bebaubares Land ist rar – und teuer. So wird jeder einzelne Quadratmeter genutzt. Und die wenigen Straßen an der Riviera sind chronisch verstopft.

1 Menton

Menton (45 281 Einw., 2017) gilt als die wärmste Stadt Frankreichs. Die Berge direkt hinter der Stadt halten kalte Winde ab.

SEHENSWERT

Menton ist berühmt für seine Gärten: Im **Jardin du Palais Carnolès** gedeihen 400 Arten von Zitrusfrüchten, es handelt sich um Europas bedeutendste Sammlung ihrer Art. Der **Jardin Maria Serena** nennt sich wärmster Garten Frankreichs, umfasst tropische und subtropische Pflanzen (nur mit Führung, Di. 10.00 Uhr). Der **Jardin de la Serre de la Madone** wurde 1919–1939 mit Terrassen, Barockelementen, Pergolen und Wasserspielen sowie einer Orangerie angelegt (Di.–So. 10.00–17.00, April–Okt. bis 18.00 Uhr, Nov. geschl.). Der botanische Garten **Val Rahmeh,** Sitz des Nationalen Museums für Naturkunde, lädt zu einer botanischen Weltreise ein (Okt.–März 10.00–12.30, 14.00–17.00, April–Sept. 10.00–12.30, 15.30 bis 18.30 Uhr; Website für alle Gärten: www.menton.fr/Jardin-Val-Rahmeh.html).

Tipp

Die drei Corniches

Drei Klippenstraßen verbinden die Region zwischen Menton und Nizza. Die Basse (Untere) Corniche folgt der Küste der Riviera und ist im Sommer chronisch überlastet. Die Moyenne (Mittlere) Corniche verläuft auf halber Höhe. Sehenswert: der Künstlerort Èze Village. Die Grande (Große) Corniche folgt über weite Teile der Römerstraße Via Julia Augusta. Die Strecke kommt Ihnen bekannt vor? Kein Wunder, wurden hier doch in den 1950er- und 1960er-Jahren zahlreiche Filme gedreht, darunter auch einige der frühen James-Bond-Streifen.

Von Roquebrune Cap Martin aus blickt man bis nach Monaco. Kostprobe in der Markthalle von Menton (o. re.); Park Val Rahmeh (u. re.).

MUSEUM

Das **Museum Jean Cocteau** zeigt in der Festung (17. Jh.) am Hafen Werke des Dichters und Malers (Quai Napoléon III, Bastion du Vieux Port, www.museecocteaumenton.fr; Mi.–Mo. 10.00–18.00 Uhr). Er hat 1957/58 auch den Hochzeitssaal der Stadt im **Rathaus** (1860) mit Fresken gestaltet.

EINKAUFEN

In der **Markthalle** (1890) findet Di.–So. vormittags der Markt statt. Marmeladen aus Früchten des Mentoner Landes verkauft **Herbin** (2, Rue du Vieux Collège). In der **Confiturerie** kann man Konfitürenherstellern bei der Arbeit zusehen (2, Rue Palmaro, www.confitures-herbin.com). **Regionale Produkte** zum Mitnehmen oder zum Verzehr vor Ort verkauft SINI Saveurs d'Ici (7, Rue des Marins, Tel. 04 89 98 71 77).

VERANSTALTUNGEN

Zitronenfest (Febr./März; s. S. 30/31); Open-Air-**Kammermusik-Festival** (Aug.) vor der Kirche St-Michel.

HOTELS

Direkt am Meer liegt **€ € Royal Westminster** (28, Ave. Félix Faure, Tel. 04 93 28 69 69, www.hotel-royal-westminster.com), ein stilvoller Bau aus der Belle Époque (Zimmer im 6. Stock ohne Balkon!). Im Stadtteil Garavan findet sich am Strand das **€ € Palm Garavan** (3, Porte de France, Tel. 04 93 78 80 67, www.hotelpalm.fr) mit 19 modern eingerichteten Zimmern.

UMGEBUNG

Im italienischen **Ventimiglia** (Vintimille, 15 km östl.) mit seiner pastellfarbenen, hübschen barocken Altstadt drängen sich freitags Scharen von Touristen auf dem Markt.
Am Ausgang von **Roquebrune Cap Martin** (8 km westl.) steht ein angeblich 4000 Jahre alter Olivenbaum. Am Meeresufer findet man die weiße Villa E-1027 von Eileen Gray und die Strandhütte von Le Corbusier – beide sind Ikonen der modernen Architektur (Besichti-

gung nach Anm., Tel. 06 48 72 90 53, http://capmoderne.com/fr; Di.–So. 10.00–17.00 Uhr). Auf der **Halbinsel Cap Martin** verstecken sich in Parks zahlreiche Villen publikumsscheuer Millionäre. Ein ehemaliger Zöllnerpfad führt als Wanderweg mit Zugang zum Meer, inklusive Bademöglichkeiten, rings um das Kap. Der 70 000 ha große **Parc National du Mercantour** TOPZIEL (www.mercantour.eu) erstreckt sich an der italienischen Grenze weit ins Hinterland. Er lockt mit Bergwanderwegen, Kletter- und Kajakstrecken v. a. im Roya-Tal. Anreise per Bahn über Nizza – Cuneo – Turin oder Nizza – Sospel – Breil. Sehenswert sind die Felszeichnungen im Vallée des Merveilles und das denkmalgeschützte Bergdorf Saorge.

INFORMATION
Office de Tourisme, 8, Ave. Boyer, Palais de l'Europe, 06506 Menton, Tel. 04 92 41 76 76, www.tourisme-menton.fr

2 Monaco

Albert II., seit 2005 regierender Fürst von Monaco, will das rund 2 km² kleine, 1297 gegründete Fürstentum vom Ruch der Steueroase befreien, ohne die geldbringenden Gäste zu verprellen. Er setzt auf Luxus, aber auch auf Kultur und Umweltverträglichkeit. Weltberühmt ist der Stadtteil Monte-Carlo wegen des Casinos.

Tipp

Prachtvolle Villa mit Aussicht

Die im toskanischen Renaissancestil erbaute **Villa Ephrussi de Rothschild** liegt in einem Park am Cap Ferrat, in dem teils über 100 Jahre alte exotische Bäume stehen. Im Innern birgt die Villa u. a. Möbel aus vergangenen Epochen. Ein Film dokumentiert das Leben an der Riviera während der Belle Époque.

St-Jean-Cap-Ferrat, www.villa-ephrussi.com; Nov.–Febr. Mo.–Fr. 14.00–18.00, Sa./So. ab 10.00, sonst tgl. 10.00–18.00, Juli, Aug. bis 19.00 Uhr

Beeindruckend das Skelett im Ozeanografischen Museum in Monaco, heiter hingegen wirkt das Casino von Beaulieu.

SEHENSWERT
„Weltweit einmalig" nennt sich der **Exotische Garten** (62, Bd. du Jardin Exotique, www.jardin-exotique.mc; Febr.–Okt. 9.00–18.00/19.00, Nov.–Jan. bis 17.00 Uhr, Hunde nicht erlaubt, 19. Nov., 25. Dez. geschl.) mit Pflanzen des Südens und Sukkulenten, Paradeblick über das Fürstentum und die Grotte, die prähistorische Schaustücke zeigt. Die 1911 geweihte neoromanische Kathedrale **Sainte-Dévote** hat ihren ganz eigenen Stil. Oben auf dem Hügel von Monte-Carlo, hinter der winzigen Altstadt, liegt das Epizentrum des Fürstentums, der **Palais Princier** TOPZIEL, Wohn- und Wirkungsstätte seiner Durchlaucht Albert II., 1958 als Sohn von Fürst Rainier III. und Fürstin Gracia Patricia geboren. Um 11.55 Uhr findet die Ablösung der Palastwache statt (www.palais.mc).

MUSEEN
Das **Ozeanografische Museum** (Musée Océanographique, Ave. Saint Martin, www.oceano.mc; Jan.–März, Okt.–Dez. 10.00–18.00, April–Juni, Sept. bis 19.00, Juli, Aug. 9.30–20.00 Uhr), eines der größten weltweit, zeigt im 1910 eröffneten Museumspalast mediterrane Meerestiere, ein Korallenriff, ein Mikroaquarium mit Projektion von Kleinstlebewesen und vieles mehr. In zwei historischen Stadtvillen (19. und 20. Jh.) präsentiert das **Neue Nationalmuseum** (Nouveau Musée National de Monaco, Villa Paloma: 56, Bd. du Jardin Exotique, Villa Sauber: 17, Ave. Princesse Grace, Tel. +377 98 98 91 26, www.nmnm.mc; tgl. 10.00–18.00, Juni–Sept. 11.00–19.00 Uhr, 1. Jan., 1. Mai, 19. Nov., 25. Dez. sowie an den Grand-Prix-Tagen geschl.) Kunst und Kunsthandwerk, Puppen und Automaten.

HOTELS
Für monegassische Verhältnisse fast schon bescheiden wirkt das **€ € Hôtel de France** (6, Rue de la Turbie, Tel. +377 93 30 24 64, www.hoteldefrance.mc) in der Innenstadt. Die 26 Zimmer sind in mediterranen Farben gestrichen. Günstiger als in Monaco bekommt man ein Zimmer auf der französischen Seite, z. B. in Cap d'Ail, im Hotel **€ / € € Normandy** (6, Allée des Orangers, Tel. 04 93 78 77 77, www.hotelnormandy.no) direkt am Meer.

RESTAURANT
Sushi Combos und kreative Cocktails gibt's im **€ € The Roof** (1, Ave. J. F. Kennedy, www.myroof.club, So. geschl.) zum Paradeblick über den Hafen – die Dachterrasse ist sehr beliebt.

ERLEBEN
Derzeit angesagtester Nachtclub ist **The Living Room** – wer nicht tanzt, chillt auf Sofas im Old-England-Ambiente (7, Ave. des Spélugues, Tel. +377 93 50 80 31). Fußball- und Bierfans fühlen sich in der **Brasserie de Monaco** (Route de la Piscine am Hafen Port Hercule, www.brasseriedemonaco.com) wohl.

VERANSTALTUNGEN
Ende Januar treffen sich die besten Artisten der Welt beim **Internationalen Zirkusfestival** TOPZIEL (www.montecarlofestival.mc). Im Mai startet der **Große Preis von Monaco** (www.acm.mc), das berühmte Formel-1-Rennen, in den engen Altstadtstraßen, Ende Sept. die **Monaco Yacht Show** (www.monacoyachtshow.com). Am 19. November, dem **Nationalfeiertag**, verwandelt sich ganz Monaco in ein Meer aus rot-weißen Fahnen.

UMGEBUNG
In der ehemal. Wehrsiedlung **Èze Village** (9 km westl.) leben und arbeiten fast ausschließlich Künstlerinnen und Künstler. Durch die Kopfsteinpflastergassen drängen sich im Sommer die Touristenmassen. Der Kakteengarten **Jardin Exotique** (www.jardinez.com; Sept.–Juni 9.00–17.30, Juli, Aug. bis 20.00 Uhr) gewährt auf 429 m Höhe einen Blick bis nach Italien.

INFORMATION
Direction du Tourisme et des Congrès de la Principauté de Monaco, 2 a, Bd. des Moulins, MC-98030 Monaco Cedex, Tel. +377 92 16 61 16, www.facebook.com/visitmonaco

»Das Fürstentum Monaco, eine historische Stadt, die sich der Zukunft zuwendet.«

3 Saint-Jean-Cap-Ferrat

Auf der Halbinsel entfalten die Luxusvillen von Millionären aus aller Welt ihre Pracht – meist versteckt hinter hohen Mauern und Hecken. Der Ort Saint-Jean (mit dem Kap 2000 Einw.) beherbergt einen kleinen Jachthafen. Um das Kap führt ein Klippenwanderweg.

SEHENSWERT
Einen schönen Ausblick hat man vom **Leuchtturm** an der Spitze der Halbinsel. Jean Cocteau bemalte in den 1950er-Jahren die Wände der **Villa Santo Sospir** (14, Ave. Jean Cocteau, Besichtigung nach Anm., Tel. 04 93 76 00 16, www.villasantosospir.fr).

HOTEL
Das **€ € € € Grand Hôtel du Cap Ferrat** (71, Bd. du Général-de-Gaulle, Tel. 04 93 76 50 50, www.grand-hotel-cap-ferrat.com) auf dem Cap gilt neben dem Eden Roc (Cap d'Antibes) als das exklusivste Hotel an der Küste.

UMGEBUNG
Beaulieu liegt schön in einer Bucht vor der Halbinsel Cap Ferrat. Das Leben spielt sich im Jachthafen mit seinen vielen Restaurants ab. Vornehm speist man im Casino oben an der Uferpromenade. Am Meer ließ sich der Frankfurter Bankierssohn Theodor Reinach 1902 bis 1908 nach dem Vorbild antiker Adelshäuser die **Villa Kérylos** bauen, heute ein Museum (Impasse Gustave Eiffel, www.villakerylos.fr; Nov. bis Febr. Mo.–Fr. 14.00–18.00, Sa./So. ab 10.00, sonst tgl. 10.00–18.00/19.00 Uhr).

INFORMATION
Office de Tourisme, 59,
Ave. Denis Séméria,
06230 Saint-Jean-Cap-Ferrat,
Tel. 04 93 76 08 90,
www.saintjeancapferrat.fr

4 Villefranche-sur-Mer

Das Städtchen (6000 Einw.) mit seinen Altstadtgassen schmiegt sich in die tiefe Bucht von Villefranche. An der Hafenmole verkaufen die Fischer morgens ihren Fang direkt vom Kutter.

SEHENSWERT
Der Maler und Dichter Jean Cocteau hat die Fischerkapelle **Saint-Pierre** innen und außen mit Fresken bemalt.

HOTEL
Im **€ € € / € € € € Welcome Hotel** (3, Quai de l'Amiral Courbet, Tel. 04 93 76 27 62, www.welcomehotel.com) verbrachte Jean Cocteau viele Sommer. Zum Teil gestaltete er die Lobby.

INFORMATION
Office de Tourisme,
Jardin François Binon,
06230 Villefranche,
Tel. 04 93 01 73 68,
www.villefranche-sur-mer.com

Genießen Erleben Erfahren

DuMont Aktiv

Dem Himmel so nah

Wo die Alpen an der italienischen Grenze nahezu senkrecht aus dem Mittelmeer ragen, hat Frankreich 21 000 km² Bergwelt zum Nationalpark erklärt. 200 seltene Pflanzenarten, Wölfe, Eulen, Adler, Gämsen, Mufflons und reichlich anderes Hochgebirgsgetier, 6000 Jahre menschliche Siedlungsgeschichte und 600 km Wanderwege zählt der Parc National du Mercantour.

Eine schöne Tagestour führt vom Lac des Mesches (1380 m) zum Tal der Wunder, dem Vallée des Merveilles. Der Weg (Markierung 82) streift zunächst das Informationsbüro des Nationalparks (Markierung 86), dann das Vallon de Minière (Markierungen 87, 88, 89) und den gleichnamigen See. Von hier geht es über die Markierung 90 rechts vorbei am See Saorgine zum Langen Obersee (Lac Long Supérieur), an dessen Südufer nach weiteren rund 2 Std. die Schutzhütte des Merveilles-Tals zu sehen ist. Hier kann man übernachten und essen.

Von der Hütte führt der Fernwanderweg GR 52 unterhalb des Langen Sees (Lac Long) ins weite Tal der Wunder, das sich von Norden her wie ein von bizarren Felsfiguren und -wänden umrahmtes Amphitheater ausbreitet. Am gut 2 Std. langen Weg finden sich Hinweisschilder zu einigen der rund 35 000 prähistorischen Felszeichnungen, die dem Tal seinen Namen gaben.

Weitere Informationen

Tour: Mittelschwer, für geübte Bergwanderer, ca. 8 Std. Gehzeit, rund 1000 Höhenmeter, festes Schuhwerk erforderlich!
Beste Jahreszeit: Sommer (im Frühjahr und Herbst sind Schnee- und Eisfelder möglich)
Start: Lac des Mesches; Anfahrt: Autobahnabfahrt Ventimiglia – Roya-Tal – Saint Dalmas de Tende (D 6204) – D 91 zum Lac des Mesches
Karte: Vallée de la Roya/Vallée des Merveilles OT 3841/IGN
Führungen: Office de Tourisme Tende, www.tendemerveilles.com
Schutzhütte Merveilles-Tal: Juni–Sept., nur nach Anmeldung, www.cafresa.org

Tief haben sich die Täler in das Gebirgsmassiv der Seealpen eingeschnitten. Dunkle Wälder und steile Felsen geben dem ans Piemont angrenzenden Nationalpark sein Gesicht.

Perle der Côte d'Azur

Nach Jahrzehnten des Stillstands hat die europäische Postmoderne in den 1990er-Jahren auch Nizza erfasst. Immer mehr junge Leute ziehen seither in die einstige Rentnermetropole, eröffnen trendige Läden, Hotels und Lokale. Im Speckgürtel der gefragten Küstenstadt lassen sich innovative Unternehmen nieder. Nizza, so die Einschätzung einer deutschen Journalistin, feiert im Frühjahr Karneval – den Rest des Jahres feiert die Stadt sich gern selbst.

So bunt zeigt sich selbst Nizza nur einmal im Jahr – wenn der Karnevalszug in den Straßen unterwegs ist.

Die Promenade des Anglais in Nizza bietet Platz für allerlei Plaisir. Ihr Name erinnert an die Engländer, die im 19. Jahrhundert in großer Zahl ihre Liebe zu den südlichen Gefilden am Mittelmeer entdeckten.

Die gesamte Côte d'Azur bildet ein Traumziel für den Wassersport. Jachten und Segler jeder Größe legen vor allem zwischen April und Oktober im Hafen von Nizza an.

Stilvoller Empfang im Negresco, dem ersten Haus am Platz in Nizza. Selbstverständlich steht es an der Promenade des Anglais, …

… deren schwungvollen Verlauf zahlreiche Palmen säumen.

Die Promenade des Anglais erinnert an die Briten, die im 19. Jahrhundert Nizza als Winterquartier entdeckten.

Der Platz zwischen Meer und Bergen ist in Nizza rar und teuer. Vor allem in den heißen Sommern steht die Luft in den engen Straßen. Kaum eine europäische Stadt ist so dicht bebaut. Den Jahresringen eines Baumstamms gleich dehnt sie sich, ihr Umland fressend, vom Meer her die Hügel hinauf aus.

Im Kern die Altstadt und das Hafenviertel, barock-italienisch durch und durch, pastellfarben schimmernd, an manchen Stellen etwas abgewetzt, aber voller Lebenskraft; darüber Villen, Paläste und Palästchen der Belle Époque, die schon im 19. Jahrhundert von der Promenade des Anglais bis hinauf nach Cimiez die Hügel der Stadt eroberten. Längst hat man sie am Boulevard Victor Hugo und anderswo zu alarmanlagenbewachten Residenzen umgebaut.

Nissa trista …

Der Front Nationale von Marine Le Pen sammelt hier und in Nizzas Norden seine Stimmen ein. Dort bröckelt heute, was Stadtplaner einst für die Moderne hielten: schnell und billig aufgestellte Hochhäuser, die zuwandernde Arbeitskräfte aus Italien, zurückflutende Algerienfranzosen, algerische und marokkanische Einwanderer aufnehmen sollten. Dazwischen zerschneiden Schnell- und Umgehungsstraßen – kaum gebaut, schon wieder verstopft – Nizzas zerfasernden Rand. Am monströsen Flughafen mündet das zum Rinnsal zwischen Gewerbegebieten verkommene Flüsschen Var ins Meer. Von hier führt eine achtspurige palmengesäumte Schnellstraße in die Stadt, die etwas weiter östlich den verheißungsvollen Namen Promenade des Anglais trägt. „Promenade der Engländer" heißt die Uferpromenade, weil im 19. Jahrhundert reiche Briten Nizza als Winterquartier entdeckten.

Am Nationalfeiertag Frankreichs, dem 14. Juli, fuhr 2016 ein Attentäter mit einem Lkw durch die feiernde Menschenmenge. 86 Personen wurden getötet, Hunderte zum Teil schwer verletzt. Seitdem gibt es in Frankreich keine öffentliche Feier mehr, bei der nicht Betonquader die Festzone absperren.

Auf dem Boulevard, breit wie der einer Großstadt, tummeln sich mittlerweile wieder Skater, Sonnenhungrige, Pärchen, Rucksacktouristen und Neureiche aus Moskau, St. Petersburg und anderen postsowjetischen Metropolen.

… und Nissa bella

Nizzas Bürgermeister Christian Estrosi, unter dem früheren Staatspräsidenten Sarkozy zeitweise Minister, treibt die Modernisierung der Stadt weiter voran:

Nizza bietet eine Fülle von Museen, wobei das Musée d'Art Moderne et d'Art Contemporain ...

... sowohl architektonisch als auch mit einer herrlichen Sicht auf die Stadt beeindruckt.

Zu den berühmtesten Museen der Stadt zählt das Chagall-Museum. Es handelt sich um die bedeutendste Sammlung von Werken des Malers, der viele Jahre an der Côte d'Azur lebte und auf dem Friedhof von Saint-Paul de Vence bestattet ist.

Blick ins Innere des Musée d'Art Moderne et d'Art Contemporain u. a. mit Robert Indianas „The Seventh American Dream" und Césars „Compression d'automobile"

Stadtsanierung und Straßenbahnbau, Kongresszentren, Museen. Mit viel Beton baute die Stadt das MAMAC – Musée d'Art Moderne et d'Art Contemporain, das wegen seiner ungewöhnlichen Ausstellungen sehenswerte Museum für moderne und zeitgenössische Kunst. Ein Akzent liegt auf dem Werk von Yves Klein, der sich sein unvergleichliches Ultramarinblau patentieren ließ.

Die Verbindung zum Meer bildet seit 2013 die 1,2 km lange Promenade du Paillon mit Gartenkunst, Klettergeräten, Skulpturen und einem Mirroir d'Eau, dessen Bodenfontänen nicht nur Kinder begeistern.

Nizzas alte Sprache

Die Worte klingen wie Musik, auch aus dem Mund des strengen Lehrers. „Wie lautet der Plural weiblich, kann jemand Beispiele nennen?", fragt Silvain in die Runde. Seine Schüler, acht Männer und eine Frau, alle jenseits der fünfzig, schauen betreten drein, fast wie Schulkinder. Eine zögerliche Antwort. „Wie bitte?", fragt der strenge Lehrer und korrigiert sofort.

Die Nizzaer lernen die Sprache ihres Landes, der alten Grafschaft Nizza, die erst 1860 nach einer Volksabstimmung von Savoyen zu Frankreich gekommen ist. Nissart gehört zur Sprachfamilie der *langue d'oc,* des Okzitanischen. Die *langue d'oïl,* das Französische, verdrängte die Sprache der Einheimischen immer mehr, bis schließlich nur noch wenige Alte das Idiom beherrschten. „In der Schule haben wir sofort eine Ohrfeige bekommen, wenn wir Nissart gesprochen haben", erzählt ein braun gebrannter Kursteilnehmer, der nun mit Begeisterung dabei ist.

Wer den „Bauern"-Akzent des Südens spricht, braucht sich laut Silvain um einen hoch qualifizierten Job erst gar nicht zu bewerben. Er kenne eine Schauspielerin, die Sprachunterricht nehmen müsse, weil sie mit ihrem Nizzaer Akzent keine Rollen bekäme. Lesen kann man die Sprache inzwischen wieder auf den Straßenschildern in der Altstadt, wo manche alte Marktfrauen noch Nissart sprechen. Auch die Jüngeren lernen es jetzt mühsam in Sprachkursen.

Nissart, die alte Sprache der Stadt, lebt wieder auf.

Der Eiskönig von NIzza

Erdbeer, Zitrone und Schokolade kann jeder, muss sich Fenocchio gedacht haben, als er 1966 in der Altstadt von Nizza an der Place Rossetti seinen Eisladen eröffnete, zu dem sich 1998 ein Ableger an der Rue de la Poissonnerie (Nr. 6) gesellt hat. Auch Nougat, Nuss, Limone: Das machen ja alle.

Der Maître Glacier begann zu experimentieren. Melone und Mandarine, Banane, Kiwi und Grüner Apfel sowie andere Früchte schafften es auf die Karte, Schokolade gibt es nicht nur cremig-dunkel, sondern auch hell, es gibt sie nicht nur pur, sondern auch mit Ingwer oder Frankreichs scharfem Chili „Piment d'Espelette", mit Ferrero Rocher und Nutella, Orangenaroma oder mit Schokokekssplittern.

Sabayon, Baileys, Amarena und andere Liköre kamen ins Eis, jede Nuss, die sich zerkleinern ließ, später die typischen Aromen des Südens: Lavendel, Thymian, Basilikum, Veilchen ... Mit der Olive war schließlich der Schritt zum herzhaften Eis vollzogen.

Und wem in der Sommerhitze ein eiskalter Gerstensaft nicht reicht, für den

Nizzas Brunnen eignen sich im Alltag auch für
ganz praktische Zwecke.

Was tut sich so unter der Oberfläche des Mittelmeers? Der Fischmarkt in Nizza zeigt es.

Noch im Abblättern leuchtet der Putz.

Esskultur

Special

Ein rarer Schatz

Alziari erzeugt in eigenen Mühlen Olivenöl – nur zwei der einst zahlreichen Ölmühlen am Flüsschen Magnon sind erhalten geblieben. Angetrieben werden die beiden Ölmühlen seit den 1940er-Jahren von Elektromotoren, weil der Wasserstand des Magnon schon damals nicht mehr für den Betrieb ausreichte. Die Oliven werden gewaschen und zwei bis drei Stunden lang zu einer Paste vermahlen. Dabei leiten die Müller ständig kaltes Wasser auf ihr Produkt. „Das Öl", sagt Gilles Piot, „soll nicht wärmer als 24 Grad Celsius werden."

Anfang der 1970er-Jahre stand das Unternehmen fast vor der Pleite. Gerettet hat Alziari die Rückbesinnung auf Traditionen und die Erkenntnis, dass die mediterrane Küche vor allem dank guter Olivenöle so gesund ist. Piot, der vorher in der Lebensmittelindustrie gearbeitet hatte, entschied sich, den Betrieb zu übernehmen.

Saftige Oliven aus Frankreichs Süden

„Man muss das herstellen und verkaufen, was man liebt", sagt der Manager. „Und ich liebe die guten Produkte unserer Erde. Die Menschen suchen nach Vertrautem." Piot steht im Unternehmen für Kontinuität. Nizza ist für ihn eine gesegnete Region der kulinarischen Vielfalt: Fisch aus dem Meer, Gemüse vom Hinterland. Neuerdings aber stellt Alziari auch Öle mit Basilikum, Knoblauch, Trüffel oder Zitrone her.

hat Maître Fenocchio auch Biereis erfunden – die jüngste Kreation unter 59 Eissorten und 35 Sorbets, sprich 94 kühlen Erfrischungen ...

Olivenöl – Flüssiges Gold

Nizzas Olivenöl verdankt seinen milden Geschmack dem besonderen Klima zwischen Bergen und Meer. Die Alpen schützen das Nizzaer Land vor dem Frost, und das Meer liefert die Feuchtigkeit, die von den Olivenbäumen über die Blätter aufgenommen wird. Aus den Früchten fertigt etwa Alziari seit 1868 bereits Spezialitäten wie die berühmte provenzalische Olivenölpaste *tapenade*.

Neue Regeln aus Brüssel oder Paris erschweren das Festhalten an der Tradition. Stecken die großen Produzenten dahinter, wenn es die *tapenade* jetzt auch mit Sardellen geben darf? Da fällt es nicht mehr so auf, wenn jemand schlechtere Oliven mit hineinmischt. Das wollen Familienunternehmen natürlich niemandem unterstellen. Doch gute Lebensmittel sind in Frankreich heilig. Panschereien wären für die meisten Franzosen geradezu ein Verbrechen.

CARNAVAL DE NICE

Bunt, groß und perfekt: Karneval der Profis

Bis zu eine Million Menschen lockt die größte, bunteste Veranstaltung der Côte d'Azur jedes Jahr auf die Straßen von Nizza. Der Carnaval de Nice versteht sich als perfekt durchchoreografiertes Spektakel. Das Publikum sitzt daneben, schaut zu und darf staunen.

Maler, Schneider, Schlosser, Schreiner, Männer und Frauen streichen, schleifen, schweißen und hämmern von morgens bis abends. Nur vier Monate haben sie Zeit, um eine fröhlich-bunte, aber vergängliche Fantasiewelt zu schaffen: die Wagen für den größten Karnevalsumzug Frankreichs. Offiziell findet das Spektakel dann vor dem Negresco und auf der Place Masséna statt, doch es wird außerdem Stadtteilkarneval mit allerlei Straßenfesten und Umzügen in mehreren Vierteln gelebt.

Verwirklichte Träume

Seit dem Mittelalter demonstrierte der Adel in der Grafschaft Nizza mit dem großen Karnevalsumzug Macht und Volksnähe. Damals schufen vor allem Schiffbauer mit ihrer Handwerkskunst die Wagen für den Corso. Nach dem Anschluss an Frankreich im 19. Jahrhundert schlief die Tradition ein, bis die Tourismusmanager sie lange nach dem Zweiten Weltkrieg wiederentdeckten. Mit einer großen Attraktion versuchte man, auch im Winter mehr Touristen in die Stadt zu locken. Mit Erfolg. Der Karneval von Nizza entwickelte sich in wenigen Jahren zum größten und besucherstärksten Spektakel an der Côte d'Azur.

Die Stadt schreibt den Bau der Wagen für den Umzug jedes Jahr neu aus. Den Zuschlag bekommen wegen ihrer Erfahrung und ihres Know-hows die vier Karnevalsvereine und die Karnevalistenfamilien Povigna, Durand, Ruzzioni und Pignataro. Für Cédric Pignataro ist der Karneval Teil seiner Identität. Er lobt die Freiheit bei der Wahl des Materials, der Gestaltung der Figuren und Wagen, die er in seinem Beruf als Dekorateur vermisst. Hier kann er Fantasien und Träume verwirklichen.

Heiß ersehnte Blumenschlacht

Ein Höhepunkt der närrischen Tage sind die Blumenschlachten *(batailles de fleurs)* auf der Promenade des Anglais. Leicht bekleidete junge Frauen werfen Blumen von den mit mehr als 100 000 Blüten geschmückten Wagen ins Publikum. Jedes Jahr küren eine Jury und auch die Teilnehmer einer Internetabstimmung die Karnevalskönigin. Der Lohn für die glückliche Siegerin: Modelverträge, Fotoshootings und zahlreiche Auftritte bei Messen.

Der Karneval selbst geht auch nach der Schlacht weiter: Zwischen den Wagen tanzen skurrile Figuren, die Zuschauer stehen hinter den Absperrungen oder sitzen auf den eigens aufgebauten Tribünen. Und erst wenn am letzten Tag König Karneval auf dem Scheiterhaufen in Flammen aufgeht, ist alles vorüber – bis zum nächsten Jahr.

Die Lust an ausgefallener Verkleidung und exzessivem Feiern wird in Nizza hingebungsvoll gepflegt.

Vier Monate ist Zeit, um diese Fantasiewelt zu erschaffen.

Informationen zum Feiern

Am Fastnachtsdienstag endet der Karneval von Nizza. In den zweieinhalb Wochen davor finden insgesamt fünf Blumenschlachten und acht Karnevalsumzüge statt. Der Eintritt kostet jeweils zwischen 10 und 25 €.

www.nicecarnaval.com

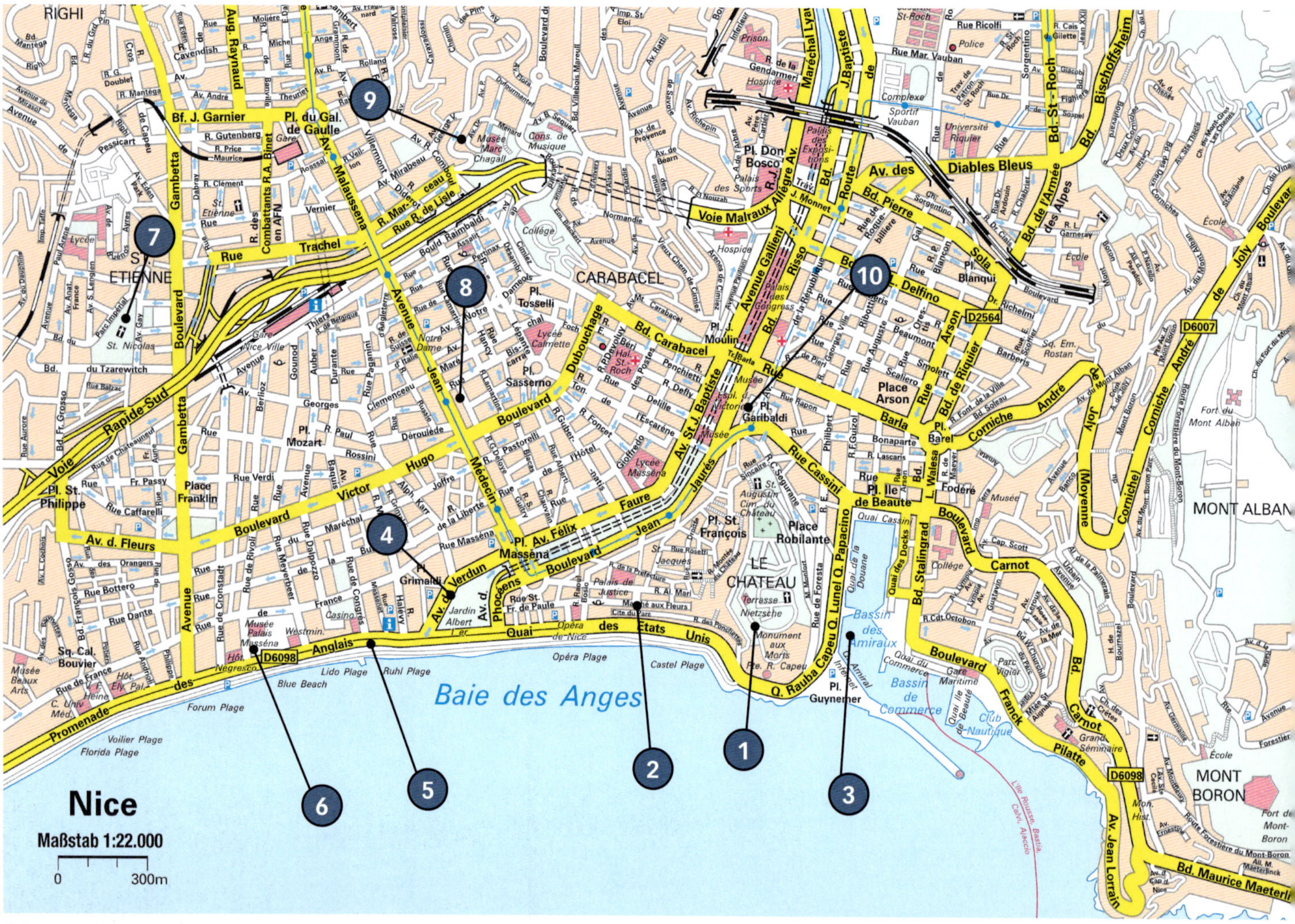
Nice
Maßstab 1:22.000
0
300m
Baie des Anges
CARABACEL
LE CHATEAU
MONT ALBAN
MONT BORON
ST. ETIENNE
RIGHI
Promenade des Anglais
Quai des Etats Unis
Boulevard Victor Hugo
Boulevard Gambetta
Avenue Jean Médecin
Bd. Carabacel
Boulevard Dubouchage
Av. St. J. Baptiste
Pl. Garibaldi
Pl. Masséna
Bassin des Amiraux
Bassin de Commerce
Boulevard Franck Pilatte
Bd. Maurice Maeterlinck
Av. Jean Lorrain
Bd. Stalingrad
Bd. Carnot
Voie Rapide Sud
Av. d. Fleurs
Place Arson
Place Robilante
Rue Trachel
Av. Malausséna
Pl. du Gal. de Gaulle
Bf. J. Garnier
Av. des Diables Bleus
Bd. Pierre Sola
Voie Malraux
Rue Cassini
Rue Barla
Rue Delfino
D6098
D2564
D6007
1
2
3
4
5
6
7
8
9
10

NICE
MONACO
MONTE-CARLO
Baie des Anges
Maßstab 1:200.000
0
2
4km
Vence
Saint Paul
la Colle-sur-Loup
Saint-Laurent-du-Var
CAGNES-sur-Mer
Villeneuve-Loubet
Biot
Valbonne
Roquefort-les-Pins
Tourrettes-sur-Loup
Le Rouret
Carros
la Gaude
Saint Jeannet
Gattières
Tourrette-Levens
Contes
Drap
la Trinité
Saint-André
Falicon
Eze
la Turbie
Beausoleil
Cap-d'Ail
Villefranche-s-Mer
Beaulieu-sur-Mer
Saint-Jean-Cap-Ferrat
Cap Ferrat
Roquebrune-Cap-Martin
Peille
Peillon
Aéroport de Nice-Côte d'Azur
Col de Vence
Coursegoules
Bezaudun-les-Alpes
Saint-Blaise
Castagniers
Aspremont
Colomars
Cros-de-Cagnes
Marina Baie des Anges
Antibes
11
12
13
14

Im Herzen der Côte d'Azur

Die selbst ernannte Perle der Côte d'Azur (380 000 Einw.) hat sich ihren Titel redlich verdient: Kunst und Kultur in Fülle, große Boulevards, eine urige Altstadt und eine Strandpromenade, die zu den schönsten der Welt zählt. An den Rändern franst Nizza allerdings aus, die Perle verliert ihren Glanz.

Sehenswert

HAFEN UND ALTSTADT

Herrlich ist der Blick vom 1 **Schlossberg** (Colline du Château, 92 m), zu dem vom Quai des États-Unis auch ein Aufzug hinauffährt. Das Schloss existiert seit 1706 nicht mehr. Die eigentliche 2 **Altstadt** TOPZIEL (Vieille Ville, im Volksmund „Babazouk") erstreckt sich westlich vom Schlossberg. Hier ist auch der Blumenmarkt (siehe „Einkaufen"). Das Flair der italienischen Renaissance und des 19. Jh. strahlt das 3 **Hafenviertel** samt seinen Seitengassen aus. Der Kiesstrand beginnt kurz hinter dem Hafen und reicht durchgehend bis fast zum Flughafen.

VILLE MODERNE

Auch in der Sommerhitze durchatmen kann man im 4 **Jardin Albert 1er**, der sich vom Strand bis zur Place Masséna hinzieht, einem belebten Verkehrsknoten. Berühmteste Meile ist die 5 **Promenade des Anglais**, 1822 bis 1824 angelegt auf Anregung illustrer Gäste aus England. Neben vielen Prachtbauten steht hier auch das **Hôtel Negresco**. Die 1912 geweihte, weihrauchgeschwängerte russisch-orthodoxe 7 **Kathedrale St-Nicolas** (Ave. Nicolas II, www.cathedrale-russe-nice.fr; Di.–So. 9.00 bis 12.00, 14.00–18.00 Uhr) ist mit Ikonen ausgestattet. Bei Bauarbeiten für die Straßenbahn wurden 2004 unter der Place Garibaldi die Überreste einer mittelalterlichen Festung entdeckt. In der 10 **Crypte Archéologique** kann man auf 2000 m² Fläche die Festung, ein Aquädukt und weitere Bauwerke aus dem 14. bis 16. Jh. bestaunen (www.nice.fr, Links „Culture/Patrimoine"; nur mit Führung, Di.–So. 14.00, 15.00, 16.00 Uhr, Tickets: Centre du Patrimoine, 1, Place Gautier, Di.–So. 10.00–17.00 Uhr).

Tipp

Nizza von oben

Im Norden der Stadt plätschert auf den Collines Niçoises der Wasserfall von Gairaut. Mit seinem Chalet, der Grotte und dem breiten Wasserband erinnert dieses Denkmal an das Jahr 1883. Seitdem versorgt das Wasser der Vésubie, das über Kanäle nach Nizza geleitet wird, die Stadt. Einen Traumblick auf Nizza hat man vom Gasthaus L'Autobus, das seit 1928 ehrliche örtliche Hausmannskost serviert: frittierte Zucchiniblüten, auch Schmorbraten.

€/€€ L'Autobus, 142, Ave. de Gairaut, Tel. 04 93 84 49 88

Blumen, so weit das Auge reicht: auf dem Blumenmarkt in Nizzas Altstadt wie auf der Höhe in Cimiez.

CIMIEZ

Am **Boulevard de Cimiez** stehen die schönsten Belle-Époque-Villen. Oben angekommen, lohnt neben dem schönen Blick eine Tour über den 1840 angelegten 11 **Friedhof von Cimiez** mit seinen reich verzierten Grabmälern. Eher schlicht gestaltet ist das Grab des Malers Henri Matisse. Eine kleine Gedenkstätte erinnert an die von den Nazis ermordeten Nizzaer Juden. Vor dem Mont Gros befinden sich auch die Siedlungsreste des römischen Cemenelum mit **Amphitheater** für 5000 Besucher.

AUSSENBEZIRKE

Im 13 **Parc Phoenix** (405, Promenade des Anglais, www.parc-phoenix.org; April–Okt. 9.30–19.30, sonst bis 18.00 Uhr) am Westrand der Stadt (Richtung Flughafen) gedeihen auf 7 ha Fläche über 2500 verschiedene Pflanzenarten. Dazwischen gibt es einen schattigen Bambusgarten und einen See, Aquarien, Themengärten und ein tropisches Gewächshaus. Nördlich des Flughafens entsteht das 14 **Écovallée** (s. S. 110). Kehrseite des Projekts: Wasservögel, Bauern und Anwohner mussten dem Großprojekt auf fruchtbarem Boden weichen.

Museen

Das 9 **Musée National Marc Chagall** TOPZIEL (16, Ave. du Docteur Ménard, Ecke Bd. de Cimiez, Mai–Okt. Mi.–Mo. 10.00 bis

18.00, sonst bis 17.00 Uhr, http://musees-nationaux-alpesmaritimes.fr/chagall) präsentiert die größte öffentliche Chagall-Sammlung: 17 Großgemälde aus den 1950er- und 1960er-Jahren zu Themen der Bibel, 193 Zeichnungen, 39 Gouachen und an die 100 Mosaike, Wandteppiche und Skulpturen. Das ⑩ **Musée d'Art Moderne et d'Art Contemporain** (MAMAC, Pl. Yves Klein, www.mamac-nice.org; Mi.–Mo. 10.00/11.00–18.00 Uhr) hat sich auf die Moderne und die Gegenwartskunst Europas und der USA spezialisiert. Ein Saal ist Yves Klein gewidmet, dem Hauptvertreter der Nouveaux Réalistes, der 1928 in Nizza geboren wurde. In einer genuesischen Villa (17. Jh.) im Stadtteil Cimiez versammelt das ⑪ **Matisse-Museum** (164, Ave. des Arènes de Cimiez, www.musee-matisse-nice.org; Mi.–Mo. 10.00–18.00 Uhr) fast das ganze Werk des Künstlers. Nebenan befindet sich das **Archäologische Museum** (www.nice.fr, Links „Culture/Musées et Galeries"; Öffnungszeiten wie Matisse-Museum). 600 Werke „naiver" Künstler aus 27 Ländern vom 18. Jh. bis heute zeigt das

Tipp

Legendäre Confiserie

Es begann mit der Wanderschaft eines Schweizer Zuckerbäckermeisters, der in Frankreich sein Glück machen wollte. Er ließ sich in Nizza nieder, eröffnete 1820 eine Confiserie in der Altstadt und begründete damit eine der kulinarischen Institutionen an der Côte d'Azur. Unter dem großen Kronleuchter der Confiserie Auer breitet sich ein Paradies für Naschkatzen aus: Schokoladen aller denkbaren Geschmacksrichtungen, Pralinen und Auers bekannteste Produkte: die *fruits confits,* in einem aufwendigen Verfahren kandierte Früchte. Das Obst wird gewaschen, geschält, in Wasser gekocht und drei Wochen lang täglich ein- bis zweimal aufgewärmt. Erst dann kommt der Zuckerguss darüber.

7, Rue Saint-François de Paule,
www.maison-auer.com;
Mo.–Sa. 9.00–13.30, 14.30–18.00 Uhr

Vergnügen bereitet alles: der Flohmarkt in Nizza, der Aufenthalt im noblen Negresco oder der Besuch in der Villa Masséna

⑫ **Musée International d'Art Naïf Anatole Jakovsky** (Château Ste-Hélène, Ave. de Fabron, Tel. 04 93 71 78 33, www.nice.fr, Links „Culture/Musées et Galeries"; Mi.–Mo. 10.00 bis 18.00 Uhr). Der Hügel Les Baumettes ist Universitätsviertel, doch stehen hier auch vornehme Belle-Époque-Villen sowie das ⑫ **Musée des Beaux-Arts** (33, Ave. des Baumettes, www.musee-beaux-arts-nice.org; Di.–So. 10.00 bis 18.00 Uhr). Im Neorenaissance-Palais zeigt es eine Sammlung französischer Kunst des 17. bis 19. Jh. und auch Entwürfe früherer Jahrhunderte für den Nizzaer Karneval. In einer um 1900 erbauten Villa präsentiert das Museum für Kunst und Geschichte, die ⑥ **Villa Masséna** (65, Rue de France, Zugang: 35, Promenade des Anglais, www.nice.fr, Links „Culture/Musées et Galeries"; Mi.–Mo. 10.00–18.00 Uhr), v. a. Werke und Einrichtungsgegenstände des späten 19. und frühen 20. Jh. (mit Gärten).

Einkaufen

Allein die ② **Altstadt** zählt mehr als 600 Geschäfte, meist winzige Läden junger, künstlerisch angehauchter Besitzer oder alteingesessene Familienbetriebe. Wein, Käse und Leckereien aus Olivenöl verkauft **L'Oliviera** (8 bis, Rue du Collet, http://oliviera.com). Im Hinterland von Nizza hergestelltes Olivenöl ist in der Altstadt bei **Alziari** zu haben (Laden: 14, Rue Saint-François de Paule. Ölmühle: 328, Bd. de la Madeleine, www.alziari.com.fr; Mo.–Fr 9.00 bis 12.30, 14.00–18.00 Uhr). Kandierte Früchte und feine Schokolade verkauft am Hafen die **Confiserie Florian** (14, Quai Papacino, www.confiserieflorian.com; tgl. 9.00–12.00, 14.00 bis 18.30 Uhr, mit Führungen durch die Produktionsstätten, Museum). Edle Marken- und Kettenläden findet man in der teuren **Rue de France/Rue Masséna.** Fans großer Shoppingmalls zieht es zu den ⑧ **Galéries Lafayette** und ins **Nice Etoile** (Ave. Jean Médecin).

MÄRKTE

Sehr touristisch, nicht gerade billig, aber in seiner Farbenfreude beeindruckend ist der Blumen-, Gemüse- und Lebensmittelmarkt am ② **Cours Saleya** am unteren Ende der Altstadt (Di.–Sa. vormittags). Zeitgleich findet auf der Place Rossetti vor der Kathedrale Ste-Réparate im Herzen der Altstadt der ② **Fischmarkt** statt, Mo. vormittags auf dem Cours Saleya der **Flohmarkt** *(brocante)*. Vor allem bei Einheimischen beliebt ist der Markt im frisch renovierten Viertel **Libération** (zwischen der gleichnamigen Straßenbahnstation und der Place Général-de-Gaulle) vor Fassaden aus dem frühen 20. Jh. am ehem. Südbahnhof (Di.–So. 6.00–12.30 Uhr).

Veranstaltungen

Auf http://de.nicetourisme.com findet sich ein aktueller Veranstaltungskalender. Konzerte, Lesungen, Theater, Shows u. v. m. präsentiert das städtische Veranstaltungszentrum **Palais Nikaia** (163, Rte. de Grenoble, www.nikaia.fr). Im Februar/März findet der **Carnaval de Nice** (s. S. 44/45) statt, im Juli das **Open-Air-Jazzfestival** im Parc Albert 1er, in weiteren Stadtparks und an der Place Masséna (www.nicejazzfestival.fr).

Hotels

Mit Blick in den Jardin Albert 1er wohnt man im **€ € Hôtel Acanthe** (2, Rue Chauvain, www.hotel-acanthe.com) – zentral, wenn auch nicht unbedingt leise. Poppige Farben in den 38 Zimmern und Dachpool mit Sonnenliegen mitten in der City: Das **€ € € Spity Hôtel** (3, Ave. des Fleurs, www.spityhotel.com) ist eine trendige Basis für Erkundungen von Stadt und Strand. In einer 1890 im Belle-Époque-Stil erbauten Residenz in der Altstadt, 100 m vom Strand entfernt, vermietet die **€ € Villa Rivoli** (10, Rue de Rivoli, www.villa-rivoli.com) Zimmer. WLAN ist für die Gäste vorhanden. Vornehmer, aber etwas unpersönlicher wohnt man im **€ € € Hôtel Masséna** (58, Rue Gioffredo, www.hotel-massena-nice.com) in einer kleinen Seitenstraße am Rande der Altstadt.

Das **€ € € € Negresco** (37, Promenade des Anglais, www.hotel-negresco-nice.com), erstes Haus am Platz, Palast der Kunst und der Belle Époque, stand bis 2013 unter der Leitung der 1923 geborenen, unbeugsamen Madame Augier. Bill Gates hat ihr angeblich einen Blankoscheck mit dem Angebot geschickt, den Preis für das Negresco selbst einzutragen. Die streitbare Hotelbesitzerin ohne Nachkommen, die ihr Vermögen einer Art Stiftung vermacht hat, lehnte dankend ab: „Ich verkaufe nicht."

Restaurants, Cafés

Das **€ Cafe de Nissa** (55, Rue Gioffredo, www.cafe-de-nissa.com) bietet Nizzaer Spezialitäten, Tapas und gelegentlich Livekonzerte. Eine Nizzaer Institution ist der Stand vor dem **€ € Café de Turin** (5, Place Garibaldi, www.cafedeturin.fr; tgl. 8.00 –22.00 Uhr) mit den angeblich besten Meeresfrüchten der Stadt. Unter dem gemeinsamen Label **„Cuisine Nissarde"** (Nizzaer Küche) servieren gut ein Dutzend Restaurants traditionelle heimische Spezialitäten aus lokalen Zutaten: Hausgemachten Stockfisch, Socca oder Farcis gibt es zum festen Menüpreis z. B. im **€ / € € Lou Balico** (20, Ave. Saint Jean-Baptiste, www.loubalico.com). Wer den luxuriösen Glanz der Belle Époque genießen will, ohne sich dabei gleich zu ruinieren, kann mittags im Sternelokal **€ € € € Chantecler** (37, Promenade des Anglais, www.hotel-negresco-nice.com/restaurant-bar/chantecler; Mi.–So.) speisen, dem Restaurant des edlen Hôtel Negresco. Abends piekfein und sehr teuer, erhält man mittags ein viergängiges Menü inkl. Wein zum akzeptablen Preis. Angemessene Kleidung ist hier aber auch in der Mittagshitze angesagt. Eis in 94 Sorten bei **Fenocchio,** 2, Pl. Rossetti, www.fenocchio.fr.

Verkehr

Am schnellsten kommt man zu Fuß durch die Stadt oder mit einem **Mietfahrrad** (Vélo Bleu, Tel. 04 93 72 06 06, www.velobleu.org). Geplant ist eine Flotte von Elektroautos, die man überall in der Stadt mieten kann. Die silbergrauen Waggons der Nizzaer Straßenbahn (http://tramway.nice.fr) fahren im 3- bis 5-Minuten-Takt durch die Stadt. Es entsteht eine weitere Tramlinie vom Hafen durch die Innenstadt zum Flughafen. Eine beliebig lange Fahrt kostet 1,50 €, es gibt eine Führung (frz., engl.) durch das „Museum unter freiem Himmel" (ab Place Masséna, Fr. 19.00 Uhr; Buchung vorab beim Office de Tourisme erforderlich). Wo die Straßenbahn (noch) nicht fährt, quälen sich **Busse** (www.lignesdazur.com) durch die Straßen.

Information

Office de Tourisme,
5, Promenade des Anglais, 6000 Nice,
Tel. 08 92 70 74 07 (nur innerhalb Frankreichs), www.nicetourisme.com

Genießen   Erleben   Erfahren

DuMont Aktiv

Fahrt im Pinienzapfenzug

Mit Triebwagen aus den 1970er- und 1980er-Jahren, neuen Fahrzeugen, aber auch alten Dampflokomotiven fährt die Provence-Bahn von Nizza über Puget-Théniers nach Digne-les-Bains. Train des Pignes, „Pinienzapfenzug", heißt die historische Linie – vermutlich weil früher Heizer die umherliegenden Pinienzapfen ins Feuer der Dampfloks warfen. Eine andere Version: Bei der langsamen Fahrt sammelten die Fahrgäste unterwegs Pinienzapfen auf.

Vom Bahnhof der Chemins de Fer de Provence in Nizza geht die Fahrt mit der Schmalspurbahn durchs Var-Tal immer höher ins Gebirge. Man passiert beschauliche, an die Hügel geklebte Städtchen wie Puget-Théniers mit seiner romanischen Kirche und den Templerhäusern aus dem 13. Jahrhundert. Ein lohnendes Zwischenziel ist das Écomusée du Pays de la Roudoule in Puget-Rostang, das über den Alltag in den kargen Bergen rund um Var- und Roudoule-Tal informiert. Ebenfalls an der Strecke liegt die Festungsstadt Entrevaux mit Stadtmauer, Wehrtürmen und engen Gassen. Der Zielort Digne-les-Bains liegt schon tief in der Provence. Nach 1,5 Std. Aufenthalt, ideal für den Stadtbummel, geht es zurück ans Meer.

In Nice Ville startet von Mai bis September der Panoramazug Train des Merveilles über Drap, Sospel, Breil-sur-Roya, das Roya-Tal im Nationalpark Mercantour nach Tende (Tenda) an der italienischen Grenze. An Wochenenden fahren Guides mit, die Genaueres über das „Tal der Wunder" erzählen.

Weitere Informationen

Train des Pignes: mehrmals tgl. ab Nizza (eigener Bahnhof); Dauer: ca. 3 Std. (151 km); Kosten: 23,30 € p. P. und Strecke. Gare des Chemins de Fer de Provence, 4 bis, Rue Alfred Binet, Tel. 04 97 03 80 80, www.trainprovence.com

Train des Merveilles: http://tendemerveilles.com/train-des-merveilles

Coca-Cola
light
Karl Lagerfeld

Von Luxus und Ruhe umgeben

Vor den Luxushotels der Filmstars dient Frankreichs berühmteste Promenade, die Croisette, der Eitelkeit als Laufsteg. Man zeigt, was man hat – oder gern hätte. Die Einheimischen, die Cannois, nehmen es gelassen. Immerhin leben sie auf einem der begehrtesten Fleckchen Erde. Seit mehr als 100 Jahren lockt die sonnenverwöhnte Riviera Künstler und Lebenskünstler. Daran wird sich so schnell nichts ändern.

Das Schönste an den angesagten Orten der Côte d'Azur: Selbst in Cannes findet man irgendwo ein ruhiges Fleckchen.

Die Côte d'Azur steht auch für Kunst. Links oben ein Werk von Renoir, darunter sein Alterssitz, beide in Cagnes-sur-Mer. Gut bestückt präsentieren sich die Galerien von Saint-Paul de Vence (rechts). Geruhsam geht es beim Boulespiel im Stadtpark von Saint-Paul zu (rechts oben).

Eine gut erhaltene Ringmauer aus dem 16. Jahrhundert umgibt Saint-Paul de Vence. In der Altstadt weht noch ein Hauch von Mittelalter.

Das Licht, das Meer, die Lebensart und die Beschaulichkeit des provenzalischen Alltags lockten im späten 19. und in der ersten Hälfte des 20. Jahrhunderts vor allem Maler aus ganz Europa an die Côte d'Azur.

Das Licht, das Meer und die Beschaulichkeit lockten vor allem Maler aus ganz Europa an die Côte d'Azur.

Picasso, Miró, Matisse

Pablo Picasso lebte und arbeitete in Antibes und Vallauris; Joan Miró, Max Ernst, Henri Matisse, Jean Cocteau und viele weitere später berühmte Künstler wirkten in der Region. Berühmt ist das „Colombe d'Or" in Saint-Paul de Vence, wo die einst mittellosen Maler ihre Zeche mit kleinen Gemälden beglichen. Heute beneiden viele Museen die Wirtsleute um ihre Kunstsammlung. Ein Besuch im Museum und im Skulpturengarten der im Ort angesiedelten Fondation Maeght, einer der weltweit führenden Sammlungen von Skulpturen, Malereien, Grafiken und Zeichnungen des 20. Jahrhunderts, bringt die Werke von Miró, Marc Chagall sowie Georges Braque, Alexander Calder, Fernand Léger und vieler anderer Künstlergrößen näher.

Als eines seiner letzten Werke hat der Maler Henri Matisse 1948 bis 1951 die Chapelle du Rosaire (Rosenkranzkapelle) in Vence gestaltet. Er selbst nannte die Kapelle mit ihren Fenstern, Fliesen, dem Taufbecken und der Inneneinrichtung einen Höhepunkt seines künstlerischen Schaffens.

Mit einer Kapelle ist auch Pablo Picassos Geschenk an seine Wahlheimat verbunden, sein letztes großes politisches Werk: das Wandgemälde *La Guerre et la Paix* („Der Krieg und der Frieden", 1952). Es ist am Hauptplatz von Golfe-Juan-Vallauris zu bewundern.

Verdrängte Rennbahn

Der Ansturm der Touristenmassen in den 1950er- und vor allem 1960er-Jahren löste einen gigantischen Bauboom aus. Kaum ein Fleckchen zwischen Cannes und Nizza, an dem nicht monströse Apartmentklötze oder teure Villen aus dem Boden schossen. Die Küste ist zugebaut, das Hinterland voll. Die Pferderennbahn von Nizza musste schon 1952 dem neuen Flughafen weichen. Man baute, nicht weit von der alten, sofort eine neue Anlage, das Hippodrôme de la Côte d'Azur in Cagnes-sur-Mer. Auf dem sechzig Hektar großen Gelände mit 12 000 Plätzen, einem Panoramarestaurant, mehreren Rennbahnen sowie einem Trainingsgelände finden regelmäßig wichtige Rennen statt.

Das Leben ist eine Party

„Hat das Bâoli auf?", fragen zwei aufgeregte Teenies in äußerst kurzen Röcken

Der prächtig illuminierte Brunnen in Grasse zeigt Blüten und einen Parfumflakon.
Die Stadt ist der bedeutendste Standort der Parfumindustrie in Europa.

Auf halbem Wege zwischen Cannes und Grasse liegt die Gemeinde Mouans-Sartoux.
Château de Mouans wurde um 1500 erbaut und dient heute Kulturveranstaltungen.

Grasse wird vorwiegend seiner Parfümerien wegen besucht, doch auch die Altstadt lohnt einen Abstecher.

Gourdon und seine Festung scheinen geradezu aus den Felsen herauszuwachsen.

und viel zu engen T-Shirts schon draußen auf der Croisette von Cannes, um die wichtigste Frage sofort hinterherzuschieben: „Sind Stars da?" Meistens lautet die Antwort „ja". Nicht nur die „Bild"-Zeitung hat Club und Restaurant Le Bâoli in exklusiver Lage am kleinen privaten Jachthafen Pierre Canto als Hotspot der Filmstars ausgemacht. Vor dem Eingang parkt ein junger Mann die Luxusschlitten der Gäste: Maserati, Ferrari und ähnliche Gefährte, die mehr kosten als ein Reihenhaus in manch einer deutschen Stadt.

Der Weg ins Bâoli führt an zwei freundlichen Türstehern vorbei und durch einen spärlich beleuchteten Gang. Links geht es ins Restaurant, durch dessen Decke zwei mächtige Palmenstämme wachsen. Von hier hat man den besten Blick in den Club des jungen Geldadels: Die großen schlanken Frauen zeigen sich wie aus dem Modelkatalog im kleinen Schwarzen, die Männer im weißen Hemd und meist mit den neuesten Smartphones in der Hand oder auf dem Tisch.

Von April bis November spielt sich das Clubleben an der Côte d'Azur draußen ab.

Clubleben im Freien

Von April bis in den November spielt sich das Clubleben draußen ab, auf der riesigen Terrasse unter Palmen am Hafen oder auf dem angeblich längsten Steg der Croisette – rund einen Kilometer weiter westlich, Richtung Innenstadt –, der ebenfalls dem Bâoli gehört. „Der Chef ist mit Bono befreundet, der auch schon einige Gratiskonzerte bei uns gegeben hat", erzählt Bâoli-Sprecherin Marjorie Mondon. Auch der kleine Luxushafen vor der Tür ziehe ein bestimmtes Publikum zwischen 20 und 35 an. Viele kämen wegen der Stars und der

Im Hinterland der Côte d'Azur erstrecken sich die Lavendelfelder der Provence. Allerlei Kosmetika werden mit Lavendel beduftet. Neben Salbei, Rosmarin und Thymian zählt die Pflanze zu den Bestandteilen der Küchenkräutermischung „Herbes de Provence".

Von Juni bis Ende August, wenn der Lavendel blüht, legt die Provence ihr schönstes Kleid an.

international bekannten DJs. Die Liste der Stammgäste kann einen schon beeindrucken: Bono, Brad Pitt, Paris Hilton, Martin Scorsese – und Leonardo DiCaprio, der als Mann mit der eisernen Maske sogar einmal in die Rolle einer lokalen Legende schlüpfte.

Gefangen im Fort Royal

In Sichtweite des Strandes von Cannes liegen die Lerinischen Inseln. Der Legende zufolge lebte im Fort auf der Insel Sainte-Marguerite der 1703 gestorbene Mann mit der eisernen Maske. 1669 habe ihn König Ludwig XIV. verhaften lassen, auf die Insel verbannt und in einem eigens für ihn erbauten Gefängnis festsetzen lassen. Um seine Identität zu verbergen, musste der Unbekannte sein Leben lang eine schwarze eiserne Maske tragen. Unter dem Titel „Der Mann in der eisernen Maske" verfilmte Randall Wallace die mysteriöse Geschichte 1998 mit Leonardo DiCaprio in der Hauptrolle. Den Stoff lieferte der Roman von Alexandre Dumas. Heute beherbergt das zur Festung ausgebaute Fort Royal ein Meeresmuseum und ein Quartier für Jugendgruppen. Die ansonsten unbebaute Insel steht unter Naturschutz.

Die Goldene Palme

Es gibt noch ein zweites, ebenfalls zu den Lerinischen Inseln gehören-

Zwischen Nizza und Cannes liegt Antibes. Der Badeort schiebt sich mit dem Cap d'Antibes und Juan-les-Pins weit ins Mittelmeer hinaus. Wasserskifahrer, Surfer, Segler und Sonnenanbeter wissen das zu schätzen.

Sehen und Gesehenwerden an der Strandpromenade. Europaweit bekannt wurde Juan-les-Pins jedoch durch sein renommiertes Jazzfestival.

Juan-les-Pins war von jeher sehr viel mehr als nur ein Vorort von Antibes. Luxusvillen und Edelhotels sorgen für ein teures Gepräge. Sehr viel weniger abgehoben zeigt sich die Altstadt mit ihren gemütlichen Bars und Bistros.

Special

Absinth

Heilendes Gift

„Absinth macht verrückt“, steht auf einem der vielen Plakate an der Wand des alten Kellergewölbes in Antibes – wahr ist das nicht.

„Mit Absinth haben schon die alten Ägypter das Nilwasser desinfiziert“, erklärt Dani Rosenfelder, der am Cours Masséna, in bester Altstadtlage von Antibes, seine Absinthe Bar eröffnet hat. Rosenfelder hält sich streng an das Schweizer Absinth-Rezept von 1797: Fenchel, grüner Anis und rund 20 weitere Kräuter werden in Weinalkohol eingelegt und nicht wie andere Schnäpse destilliert. So entsteht reiner Absinth, ein Wermutschnaps mit 72 Vol.-% Alkohol. Mit dem Zuckerwasser aus den Karaffen verdünnt man das Getränk auf rund 13 Vol.-%, womit der Gehalt in etwa dem von Rotwein entspricht. Rosenfelder widerspricht entschieden den vielen Gerüchten, die sich um die Gesundheitsgefahren des Absinth ranken. Noch im 19. Jahrhundert galt Absinth als

Absinthe Bar: unübliche Kneipe in Antibes

Desinfektionsmittel und Medikament gegen Infektionskrankheiten. Anfang des 20. Jh. wurde er in Frankreich wie in den meisten europäischen Länder verboten – erst seit 2011 ist der Genuss von Absinth wieder gestattet.

1935 entwickelte Pernod in Marseille einen Ersatz: den mit Süßholzwurzel und Sternanis ähnlich schmeckenden, aber weniger alkoholisierten Pastis, der rasch Frankreichs neues Nationalgetränk wurde.

des Eiland in Sichtweite von Cannes: Saint-Honorat. Fromme Bewohner des heute so mondänen ehemaligen Fischerdorfs Cannes bringen den auf der Insel lebenden Mönchen jedes Jahr an Mariä Himmelfahrt (15. August) Lebensmittel und Geschenke. Auch die höchste Auszeichnung des Filmfestivals, die Goldene Palme (Palme d'Or), hat ihren Ursprung auf der Klosterinsel. Im Wappen der Stadt Cannes steht die Palme für die Christen, die in den zahlreichen Kriegen um die Insel umgekommen sind. Cannes' berühmte Strandpromenade hat ihren Namen Croisette („kleines Kreuz“) von einem steinernen Kreuz, das einst am Strand der Stadt die Stelle markierte, von der aus Pilger zur Insel Saint-Honorat übersetzten.

Gebete und Weinanbau

Anders als Sainte-Marguerite, das sich im Besitz der Stadt Cannes befindet, gehört Saint-Honorat den Zisterziensermönchen, die hier vor allem Wein und Früchte anbauen und das Restaurant La Tonelle betreiben. Benannt ist die Insel nach dem in Trier geborenen heiligen Honorat. Der Papst schickte den zum Christentum übergetretenen Wanderer und späteren Mönch ins Bistum Fréjus. Der dort zuständige Bischof bot ihm 410 eine „Insel voller Schlangen“ an.

Cannes ist berühmt für sein mildes Klima. Entsprechend lebhaft geht es nahezu das ganze Jahr über auf den Straßen und Plätzen des Badeortes zu.

Wichtigstes Ereignis sind die Internationalen Filmfestspiele, wenn im Mai zahlreiche Filmstars an die Croisette strömen, dicht umlagert von Fotografen, Fernsehteams und Fans.

Weit schwingt der Boulevard de la Croisette aus. Cannes und Nizza ringen beständig um den Rang als Nummer eins an der Côte d'Azur, dabei gilt Cannes als sehr viel eleganter und gediegener. Luxushotels wie das Carlton unterstreichen den Ruf.

Cannes gilt als die eleganteste Metropole der Côte d'Azur.

Ganz normaler Alltag im Schatten der Urlauberströme: Fischer ordnen ihre Netze im Hafen von Antibes.

Die malerischen Seiten des noblen Cannes: Einfahrt in den alten Hafen
mit Blick auf typisch provenzalische Häuser

Das Musée National Fernand Léger in Biot zeigt rund 300 Werke des französischen Künstlers.

Blick auf das Kloster von Saint-Honorat, einer der Lerinischen Inseln

Die Mönche von Saint-Honorat erbauten dem Fischerdorf Cannes einen Wachtturm, der die Altstadt bis heute überragt.

Niemand sonst wollte sie haben. Honorat setzte über, fand Wasser und blieb. Weitere Mönche folgten und bauten mit dem Pionier ein Kloster auf. Nur vier von ihnen überlebten im achten Jahrhundert die Sarazenen-Überfälle. Einer davon erhielt von der Krone Geld für den Wiederaufbau. Die Mönche errichteten auf der Südseite der Insel einen mächtigen Fluchtturm, dessen Ruine erhalten geblieben ist. Dem Fischerdorf Cannes bauten sie einen Wachtturm, der die Altstadt Le Suquet bis heute überragt.

Im Jahr 1788 ließ der König von Frankreich das Kloster schließen. Die Gebäude verfielen und dienten als Baumaterial, bis 1859 der Bischof von Fréjus die Insel kaufte, um ein Zisterzienserkloster anzusiedeln. Mit dem Weinbau begannen die Mönche erst 1980. Geschützt von Zypressen, Pinien und Eukalyptusbäumen gedeihen auf der sieben Hektar kleinen Insel mehrfach ausgezeichnete Spitzenreben.

Reif für die Insel

Bei leiser klassischer Musik sitzen in einem kahlen Speiseraum rund dreißig einander wildfremde Menschen an Sechsertischen bei einem einfachen Essen zusammen. An der Wand hängt ein Kreuz, sonst nichts. Man setzt sich einfach dazu und schweigt. *Repas en silence* – Essen in Stille. Eine Woche lang wollen die Gäste das Klosterleben der zwanzig Zisterziensermönche auf Saint-Honorat kennenlernen. Von Cannes dauert die Überfahrt mit der Fähre nicht viel länger als eine Viertelstunde. Die Stadt mit ihren Häusern und Lichtern, der überlaufenen, wichtigtuerischen Croisette, dem klotzig-graubraunen Kongresszentrum Palais des Festivals, den Edelhotels und dem Hafen mit seinen überdimensionierten Luxusjachten ist vom Nordufer der Insel noch gut zu sehen. Dennoch ist Cannes sehr weit weg.

Um nachzudenken und auch mal „sich selbst zu hören", ging die 47-jährige Geschäftsfrau Pascale für eine Woche als Gast ins Inselkloster. An die Stille musste sie sich erst gewöhnen. Die Bücher, die sie sich mitgenommen hatte, blieben im Koffer. Zum Lesen fand sie gar keine Zeit. Die Gesänge und Gebete der Mönche in der Messe berührten die Besucherin tief. Seit ihrem ersten Besuch kommt sie immer wieder auf die autofreie Insel mit den sieben Kapellen, geht spazieren, sitzt am Meer, denkt nach und freut sich über neue, kleine Entdeckungen.

PARFUM

Studenten im Reich der Düfte

Das Reich der Düfte ist unermesslich. Bis zu zwei Jahre braucht man, um ein großes Parfum zu entwickeln. In Grasse kreieren Gäste bei so berühmten Manufakturen wie Molinard, Fragonard oder Galimard ein weltweit einzigartiges Parfum: ihr selbst komponiertes.

Rund 300 Gäste lassen sich jedes Jahr in Grasse in das Geheimnis der Düfte einweihen. Teilnehmern eines Parfumkurses winkt am Ende ihr selbst entworfener Duft.

Madame ist ganz zufrieden. „Ja, doch, das könnten wir vermarkten", bemerkt die Nase des Hauses Galimard und schnuppert konzentriert an einem hellblauen Papierstreifen. „Es ist ein starkes Parfum, sehr ausgeglichen in seinen Noten", lobt Caroline de Boutigny. Das Pärchen aus Leipzig strahlt ob des Lobs aus dem Mund der Meisterin. Zwei Stunden haben die beiden Kursteilnehmer an ihrem Parfum gearbeitet, immer wieder an einem der 127 Fläschchen auf ihrem Arbeitstisch geschnuppert, Duftkombinationen notiert, probiert, verworfen, tröpfchenweise Essenzen zusammengeschüttet und immer wieder Überraschungen erlebt. Eine Zutat auszuwählen ist das eine. Zu wissen, wie sie sich nach der Vermischung mit einer anderen Essenz verhält, ist etwas ganz anderes.

Jenseits von Hollywood

Der Film „Das Parfum" hat für Caroline de Boutigny „rein gar nichts" mit der Parfumkreation zu tun. Patrick Süskind hatte den Roman, Grundlage des Films, in den 1980er-Jahren verfasst und er wurde millionenfach verkauft. Süskind beschreibt darin das Leben des Jean-Baptiste Grenouille, der in Paris als Waisenkind in Armut aufwächst. Mit einem außergewöhnlich starken Geruchssinn ausgestattet, erkundet er seine Umgebung über Düfte und Gerüche. Er lernt sie zu konservieren und wird in seinem Ziel, der größte Parfümeur aller Zeiten zu werden, in Grasse zum Mörder.

Ein erfundener Krimi sei das, mehr nicht. Ein wirklich gutes Parfum entstehe aus dem „Gleichgewicht seiner Zutaten". Ein Viertel davon müsste eigentlich aus natürlichen Stoffen bestehen – eine Regel, die Parfümeure „heute nicht mehr einhalten". Moderne Parfums bestünden zu 95 Prozent aus chemischen Substanzen. „Deshalb verflüchtigen sie sich so schnell."

Auf den in Englisch, Französisch und Deutsch vorgedruckten Arbeitsblättern tragen die Gäste zunächst die Bestandteile der Basisnote ihres Parfums ein. Die fixiert den Duft auf der Haut. Anschließend kommt die ebenfalls aus drei Komponenten

Die Parfümeure von Grasse setzen auf traditionelle Bearbeitungsmethoden – außerdem auf den Reichtum der Umgebung an Orangen, Rosen, Jasmin und vielen anderen für die Parfumherstellung wichtigen Blüten und Früchten.

Die Nase wird in Grasse zum wichtigsten Sinnesorgan. Entsprechend nennt man Parfum-Designer, die aus einer Unzahl von Ausgangsstoffen neue Düfte komponieren, schlicht „Nase".

Die eigene Duftkreation

Galimard Parfumeur
2 Std. Einführungskurs, 49 € pro Person, inkl. 100 ml des selbst kreierten Parfums.
Grasse, Route de Pégomas,
Tel. 04 93 09 20 00,
www.galimard.com

Molinard
1 Std. Parfumkreation aus 90 Essenzen 69 € pro Person, inkl. 50 ml des eigenen Parfums (0,5 Std. 29 €).
Grasse: 60, Bd. Victor Hugo,
Tel. 04 92 42 33 21,
Nizza: 20, Rue St-François de Paule,
www.molinard.com

Plätze müssen vorab reserviert werden! Bei Molinard wie Galimard können die Kursteilnehmer ihre jeweilige Duftkreation immer wieder nachbestellen.

gemischte Herznote, die den Charakter des Parfums bestimmt – fruchtig und blumig für die Dame, eher erdig-holzig für den Herrn. Schließlich kreieren die Gäste aus weiteren drei Essenzen die Kopfnote, die dem Parfum die Frische verleiht.

Wenn Caroline de Boutigny nicht gerade wieder Touristen in die Geheimnisse der Parfumherstellung einführt, kreiert sie für Galimard neue Düfte. „Ich arbeite hier mit 2000 verschiedenen Rohstoffen, 1600 künstlichen und 400 natürlichen", erklärt sie den Touristen, die sich vor den bis zur Decke aufgestapelten Essenzflaschen des Labors drängen. Bis zu zwei Jahre dauert die Entwicklung eines neuen Parfums. Wenn der Kunde mit der Kreation nicht zufrieden ist, wird nachgebessert.

Parfumnebel statt Seifenschaum

Im Jahr 1747 gründete ein Freund von Johann Wolfgang von Goethe, Jean de Galimard, die gleichnamige Parfümerie in Grasse. Als Gründer der Vereinigung der Handschuhmacher und Parfümeure belieferte der Graf den französischen Königshof mit Olivenöl, Pomaden und Parfums. Zu jener Zeit, als Europas feine Gesellschaft Waschen für ungesund hielt und sie ihre Körpergerüche mit Parfums überdeckte, entwickelte sich das heute 48 800 Einwohner zählende Städtchen Grasse im Hinterland der Côte d'Azur zum Zentrum der Düfte. Um den Gestank aus ihren Gerbereien zu vertreiben, gewannen die Ledermacher wohlriechende Essenzen aus Jasmin, Rosen und anderen Blüten, die von den Bauern im milden Klima der östlichen Provence angebaut wurden. Nach und nach entstanden immer mehr Parfümerien, die ihre Duftstoffe in die ganze Welt verkauften. Von einst 80 Parfummanufakturen gibt es noch 40 in Grasse; Molinard und Galimard bieten Kurse für Touristen an.

Zum Schluss überreicht Meisterin Caroline de Boutigny den Leipzigern ihre Diplome. „Sie sind nicht Nase, aber Nase-Studenten", erklärt sie. „Für Nase muss man zehn Jahre studieren."

INGREDIENT BASE
JASMINE

Montagne du Cheiron
Plateau de Calern
Caussols
Côte d'Azur
Grasse
Cannes
Antibes
Le Cannet
Vallauris
Mougins
Mouans-Sartoux
Mandelieu-la-Napoule
Théoule-sur-Mer
Fréjus
Saint-Raphaël
Forêt Domaniale de l'Esterel
Vence
Saint Jeannet
la Gaude
Saint Paul
la Colle-sur-Loup
Saint-Laurent-du-Var
Cagnes-sur-Mer
Villeneuve-Loubet
Biot
Valbonne
Châteauneuf-Grasse
Opio
Roquefort-les-Pins
Le Rouret
Tourrettes-sur-Loup
Gourdon
le Bar-sur-Loup
Cabris
Peymeinade
Saint-Cézaire-sur-Siagne
Saint Vallier-de-Thiey
Montauroux
Auribeau-sur-Siagne
Pégomas
la Roquette-sur-Siagne
Tanneron
Gréolières
Cipières
Coursegoules
Bézaudun-les-Alpes
Carros
Gattières
Conségudes
Les Ferres
Roquesteron
Aiglun
Sigale
Gars
Briançonnet
le Mas
Andon
Caille
Escragnolles
Col de Bleine
Col de Vence
Col de Valferrière
Pas de la Faye
Col du Pilon
Col des Trois Termes
Col Notre-Dame
Col de l'Esquillon
Lac de Saint-Cassien
Golfe de la Napoule
Golfe Juan
Golfe de Fréjus
Iles de Lérins
Ile Sainte Marguerite
Ile Saint Honorat
Cap d'Antibes
Pointe de la Croisette
Pointe du Cap Roux
Cap du Dramont
Agay
Juan-les-Pins
Golfe-Juan
Sophia Antipolis
Route Napoléon
Gorges du Loup
Maßstab 1:200.000
0
2
4km

Ein Kernland der Kunst

Henri Matisse, Joan Miró, Pablo Picasso und viele andere schätzten den ihrerzeit noch verträumten Landstrich zwischen Nizza, Grasse und Cannes seines Lichts und seiner Lebensart wegen. Heute reist man auch wegen der Filmfestspiele an – oder um dem Glamour des Ereignisses nachzuspüren.

1 Vence

In Vence (20 000 Einw.) haben sich einst Künstler wie Henri Matisse niedergelassen.

SEHENSWERT
Wer ein Meisterwerk von Matisse sehen möchte, besucht die **Chapelle du Rosaire** am nördlichen Stadtrand.

UMGEBUNG
Saint-Paul de Vence (3 km südl.) wirkt eher wie ein idyllisches Museum und lebt überwiegend vom Tourismus. Die Fondation Maeght (623, Chemin des Gardettes, Tel. 04 93 32 81 63, www.fondation-maeght.com; Juli–Sept. tgl. 10.00–19.00, sonst bis 18.00 Uhr) zeigt eine großartige Sammlung von Kunst des 20. Jh. Im Schatten alter Olivenbäume steht in **Cagnes-sur-Mer** (11 km östl.) das ehemalige Wohnhaus von Auguste Renoir (Chemin des Collettes, Tel. 04 93 20 61 07, www.cagnes-tourisme.com, Link „Decouvrir"; Juni–Sept. Mi. bis Mo. 10.00–13.00, 14.00–18.00, Okt.–März 10.00–12.00, 14.00–17.00, April, Mai bis 18.00 Uhr). Die Werke des Malers haben im Domaine des Collettes, in den er 1908 mit seiner Familie eingezogen ist, einen würdigen Rahmen gefunden. Beliebt bei Einheimischen und Touristen ist das **Tal des Loup.** Von La Colle-sur-Loup (Autobahnausfahrt Cagnes-sur-Mer) folgt die Straße D 6 dem Flüsschen in einem bewaldeten Tal ca. 15 km lang in die Berge.

Tipp

Luftige Glaskunst

Biot machte einen Makel zum Markenzeichen: Die Glasbläserei im gleichnamigen Örtchen hat die Kunst, Luftblasen in Glas einzufangen, perfektioniert und damit ihren ganz eigenen Stil geschaffen. Das Sortiment der 1956 von Éloi Monod (1918–2007) eröffneten Glashütte umfasst heute nicht nur Gläser und Karaffen für einen schön gedeckten Tisch, sondern auch Küchenutensilien und Kunstobjekte. Wie sie entstehen, zeigen Glasbläser ganzjährig vor Ort. Das angeschlossene Museum dokumentiert die Geschichte der Glaskunst. Heute längst ein Global Player, exportiert das Familienunternehen sein Luxusglas in alle Welt. Isabelle Navarro, die selbst das berühmte Glas bläst, verrät: „Die Blasen im Glas – das macht das Bicarbonat ..."

La Verrerie de Biot, Chemin des Combes, Biot, Tel. 04 93 65 03 00, www.verreriebiot.com/fr

In Vence hatte Matisse 1943–1949 seinen Hauptwohnsitz (o.); die Fondation Maeght in Saint-Paul de Vence (o. r.); Gläser in Biot (u. r.).

RESTAURANT
Legendär ist das € € **Café de la Place** in Saint-Paul de Vence (Place Général-de-Gaulle, Tel. 04 93 32 80 03, tgl. bis 19.30 Uhr), wo einst Yves Montand und viele andere Berühmtheiten nach einer Partie Pétanque einkehrten.

INFORMATION
Office de Tourisme, Place du Grand Jardin, 06140 Vence, Tel. 04 93 58 06 38, www.vence-tourisme.com/de;
Office de Tourisme de Saint-Paul de Vence, 2, Rue Grande, 06570 Saint-Paul de Vence, Tel. 04 93 32 86 95, www.saint-pauldevence.com

2 Antibes

Das Fort der ehemaligen Festungsstadt (78 000 Einw.) schützte einst Frankreichs Grenze nach Savoyen, wozu bis 1860 auch die benachbarte Grafschaft Nizza gehörte. Im Ortsteil Juan-les-Pins sind die Läden fast die ganze Nacht offen.

SEHENSWERT
Zur Seeseite ist die alte **Stadtmauer** fast komplett erhalten. In ihrem Schatten duckt sich die

bunte **Altstadt** mit Läden, Cafés, Restaurants und dem Markt vor dem **Rathaus** (Cours Masséna). Do. und Sa. vormittags findet auf der **Place Jacques Audiberti** (unterhalb des Marktplatzes, Richtung Hafen) ein Flohmarkt statt. Im ehemaligen **Grimaldi-Schloss** schuf Picasso lebensfrohe und erotische Figuren mit Bezügen zur antiken Mythologie. 1949 richtete ihm die Stadt im Schloss ein Museum ein. Die Ausstellung des **Musée Picasso** (Place Mariejol, Tel. 04 92 90 54 26, www.antibes-juanlespins.com/culture/musee-picasso; Mitte Sept. bis Mitte Juni Di.–So. 10.00–12.00, 14.00–18.00, sonst durchgehend 10.00–18.00, Juli, Aug. Mi. und Fr. bis 20.00 Uhr) zeigt u. a. 181 Zeichnungen und Malereien zum Thema Lebensfreude sowie Keramiken. Die **Fondation Hartung-Bergman** (173, Chemin du Valbosquet, Tel. 04 93 33 45 92, www.fondationhartungbergman.fr; nur mit Führung, April–Okt. Fr. 14.00 Uhr nach Voranm.) präsentiert Kunstsammlung und Ateliers des Malerpaars Hans Hartung und Anna-Eva Bergman. In bester Lage am Meer hat Antibes ein großes, modernes Theater, das **Anthéa** (260, Ave. Jules Grec, Tel. 04 83 76 13 00, www.anthea-antibes.fr). Über den Hafen wacht überlebensgroß am Quai Henri Rambaud „Le Nomade“ (2007) von Jaume Plensa. Auf der ruhigen Halbinsel **Cap d'Antibes** stehen teure Villen in weitläufigen Parks. Ein Ausflug zum Leuchtturm am höchsten Punkt der Halbinsel lohnt wegen des Ausblicks und der kleinen Kirche mit bis zu 200 Jahre alten handgemalten Votivtafeln.

VERANSTALTUNGEN

In der ersten Märzwoche erinnert ein **Historienspektakel** an die Rückkehr Napoleons aus der Verbannung (www.route-napoleon.com). Im Juli füllen Tausende Jazzfans den Park La Pinède von Juan-les-Pins, wenn Musiker aus der ganzen Welt zum berühmten **Jazz-Festival** kommen (www.jazzajuan.com).

HOTEL

Das **€ € € € Hôtel du Cap Eden-Roc** (Bd. JF Kennedy, Tel. 04 93 61 39 01, www.oetkercollection.com/fr/destinations/hotel-du-cap-edenroc/) gehört der Familie Oetker in Bielefeld. Luxusbäder, Stilmöbel, Kronleuchter prägen die exklusiven Zimmer. Der Überlauf-Spiegelpool geht optisch unmittelbar ins Meer über. Die Villa Eleana direkt neben dem Hotel ist eine Luxusbleibe mit Butler und dem kompletten Service des Eden Roc.

RESTAURANT

In der stylishen Weinbar **€ € L'Enoteca** (6, Rue Aubernon, Tel. 04 93 34 03 90) am Marktplatz gibt es Weine aller Art und kleinere Gerichte.

UMGEBUNG

Das **Marineland** (5 km nördl.) ist kein Aquarium, sondern ein Themenpark nach Vorbild der US-amerikanischen SeaWorld. In den Becken tummeln sich Otter, Biber, Rochen, Robben und Pinguine. Hauptattraktion sind jedoch die vielen Shows mit Delfinen und Orcas (306, Ave. Mozart, www.marineland.fr).

Abendliche Ruhe am Hafen von Antibes, die auch Touristen nach dem Besuch der zahlreichen Museen genießen.

Gemälde, Zeichnungen und Keramikarbeiten von Fernand Léger zeigt das 1957 auf dem Grundstück des Künstlers erbaute **Musée National Fernand Léger** (Chemin du Val de Pome, Tel. 04 92 91 50 20, http://musees-nationaux-alpesmaritimes.fr/fleger; Mai–Okt. Mi.–Mo. 10.00–18.00, sonst bis 17.00 Uhr). Dem König der Köche, Auguste Escoffier, hat die gleichnamige Stiftung in seinem Geburtshaus in **Villeneuve-Loubet** (10 km nördl.) ein Museum gewidmet (Musée de l'Art Culinaire, 3, Rue Auguste Escoffier, Tel. 04 93 20 80 51, www.fondation-escoffier.org; tgl. ab 10.00 Uhr, Nov., Dez. geschl.): 1500 Speisekarten, historische Küchengeräte, eine Bibliothek etc. Auch Kochkurse. **Gourdon** thront auf einem Fels (ca. 30 km nordöstl.). Vallauris und Golfe-Juan bilden die Gemeinde **Golfe-Juan-Vallauris** (6 km westl.). Die Hauptstraße (Ave. Clemenceau) von Vallauris besteht fast nur aus Töpferläden. Lohnend ist ein Rundgang durch die weiter oben gelegene Altstadt (15. und 16. Jh.). Die Kapelle am Hauptplatz (Pl. de la Libération, http://musees-nationaux-alpesmaritimes.fr/picasso/; Mi.–Mo., Juli, Aug. tgl. ab 10.00 Uhr) schmückt Picassos Wandgemälde *La Guerre et la Paix*. Getöpfertes von Sentimental bis Trash zeigt Gill Camatte im **Musée de la Céramique Kitsch** (23, Rue de la Fontaine, Sept. bis Juni 10.00–12.15, 14.00–17.00, Juli, Aug. 10.00–12.45, 14.15–18.15 Uhr). Am Strand von **Golfe-Juan** landete 1815 Napoleon bei seiner Rückkehr aus der Verbannung. Die touristische **Route Napoléon** folgt von hier seinem Weg über die Alpen bis nach Grenoble.

INFORMATION

Office de Tourisme, 42, Ave. Robert Soleau, 06601 Antibes, Tel. 04 22 10 60 10, www.antibesjuanlespins.com; und: Palais des Congrès, 60, Chemin des Sables, 06160 Juan-les-Pins, Tel. 04 22 10 60 01

3 Cannes

75 000 Einwohner zählt das ehemalige Fischerdorf heute. Im Sommer sind es mehr als doppelt so viele. Während der Filmfestspiele Mitte Mai wird es richtig voll. Die Hotels verlangen für ihre Zimmer mindestens den doppelten Preis. Geboten werden: 6 Fünfsternehotels, fast 500 Restaurants, 33 Privatstrände, 20 Clubs/Discos und 2749 Geschäfte.

SEHENSWERT

Die kleine **Altstadt Le Suquet** im Schatten des gleichnamigen mittelalterlichen Wehr- und Aussichtsturms hat die Zeiten gut überstanden. Die Filmfestspiele finden im **Palais des Festivals** an der Ostseite des alten Hafens statt. Dort verläuft auch die Allee der Stars mit Handabdrücken der Promis. Das **Musée Bonnard** im Stadtteil Le Cannet widmet sich dem Werk des Malers Pierre Bonnard (16, Bd. Sadi Carnot, www.museebonnard.fr; Sept.–Juni 10.00–18.00, Juli, Aug. bis 20, Do. bis 21 Uhr).

HOTEL

Das Haus der Großeltern, direkt an der Croisette, hat ein Paar zum **€ € / € € € Hôtel Villa d'Estelle** umgebaut (12–14, Rue des Belges, Tel. 04 92 98 44 48, www.villadestelle.com).

RESTAURANT

Hervorragend speist man mit Blick in den Club der Jeunesse dorée im **€ € € Le Bâoli** (Jachthafen Port Canto, östl. Ende des Bd. de la Croisette, Tel. 04 93 43 03 43, https://baolicannes.com).

EINKAUFEN

Markthalle, Marché de Fortville (Di.–So. vorm.), **Trödelmarkt** (*brocante;* Allée de la Liberté, Sa. vorm.), **Historischer Markt** (Place de l'Étang, Fr. 8.00–19.00 Uhr).

VERANSTALTUNG

Mitte Mai geht das **Filmfestival** (www.palaisdesfestivals.com) über die Bühne.

UMGEBUNG

Sainte-Marguerite, eine der beiden **Lerinischen Inseln** TOPZIEL (Îles de Lérins) vor Cannes, steht unter Naturschutz. Außer einem Fort aus dem 18. Jh. gibt es hier nur Pinienwald. Von Cannes steuern Fähren und Glasbodenboote die Insel sowie die einem Kloster gehörende Nachbarinsel Saint-Honorat an. Im Sommer gibt es auch eine Verbindung von Juan-les-Pins. Auf Sainte-Marguerite findet sich im Fort Royal das Meeresmuseum (Tel. 04 93 38 55 26; wechselnde Öffnungszeiten). Klosterleben auf Zeit bieten die Zisterziensermönche von Saint-Honorat Sinnsuchern und Gestressten an (Abbaye Notre-Dame de Lérins, Tel. 04 92 99 54 00, www.abbayedelerins.com). In **La Théoule** (5 km Richtung Saint-Raphaël) ließ der Architekt Jacques Couelle direkt am Meer die etwas bizarre Feriensiedlung La Galère in die roten Felsen bauen: übereinandergestapelte Wohnungen hinter Fassaden aus geschwungenen Formen (Corniche d'Or, www.lagalere.com). Westlich von Cannes beginnt das Mittelgebirge **Massif de l'Esterel** **TOPZIEL**, das sich bis nach Fréjus zieht. Die rot gefärbten Porphyrfelsen vor dem blauen Meer gehören zu den eindrucksvollsten Naturschönheiten der Côte d'Azur. Bequeme Alternativen zum Erwandern des Esterel: Die N 7 führt mittendurch, die N 98 die Küste entlang.

INFORMATION
Office du Tourisme, Palais des Festivals et des Congrès, 1, Bd. de la Croisette, 06400 Cannes, Tel. 04 92 99 84 22, www.cannes-destination.fr

4 Grasse

Das Verwaltungszentrum der östlichen Provence (48 800 Einw.) hat sich den mittelalterlichen Charme erhalten. Über Jahrhunderte war Grasse Hauptstadt der aus der Lederverarbeitung entstandenen Parfumindustrie.

SEHENSWERT
Das **Parfümeriemuseum Fragonard** (Hôtel de Villeneuve, 14, Rue Jean Ossola, Tel. 04 93 36 02 07, www.fragonard.com; tgl. 10.00 bis 18.00, Juli, Aug. bis 19.00 Uhr, Nov.–Mitte Febr. So. geschl.) zeigt in den Räumen der ältesten Parfümerie (1782) des Ortes die Geschichte der Parfumherstellung von der Rohstoffgewinnung bis zu Flacons und anderen Accessoires. Ähnliches bietet auch das **Internationale Parfümeriemuseum** (2, Bd. du Jeu de Ballon, Tel. 04 97 05 58 00, http://www.museesdegrasse.com/de; April–Sept. 10.00 bis 19.00, Okt. – 11. Nov. Mi. – Mo. 10.00 – 17.30 Uhr, 1. Mai und 12. Nov. – 31. März geschl.).

VERANSTALTUNGEN
Mai: **Jasminfest,** Juni: **Rosenfest** mit Blumenumzug.

UMGEBUNG
In **Valbonne** (10 km östl.) sind die Straßen so eng, dass man das Auto außerhalb des Zentrums abstellen muss. In den Gassen haben zahlreiche Künstler ihre Ateliers eröffnet. Am arkadengesäumten Hauptplatz laden Cafés und Restaurants zu einer Pause ein.

INFORMATION
Office de Tourisme, Place de la Buanderie und am Bahnhof (Gare SNCF), 06130 Grasse, Tel. 04 93 36 66 66, www.grassetourisme.fr

Genießen Erleben Erfahren

DuMont Aktiv

Das Geheimnis der Kugeln

Wo immer sich in einem provenzalischen Städtchen eine freie, sandige Fläche findet, stehen sie stundenlang zusammen und werfen silberne Metallkugeln: Fast ausschließlich Männer – meist ältere – sind es, die beim Boule-Spiel heftig diskutieren, streiten, lachen und hinterher Pastis zusammen trinken. In Saint-Paul de Vence dürfen Touristen mitspielen.

Auf dem Sandplatz vor dem Café de la Place wartet eine Handvoll Urlauber gespannt auf die Einführung in die südfranzösische Lebensart. Der Trainer schleppt eine Tasche voll Kugeln heran. Die Regeln sind schnell erklärt: Zwei Mannschaften oder zwei Personen spielen gegeneinander. Dabei versuchen sie ihre Kugeln möglichst nah am „Schweinchen“ *(cochonnet)*, wie die das Ziel markierende Holzkugel heißt, zu platzieren und dort liegende Kugeln des Gegners wegzuschießen. Ein Spieler der beginnenden Mannschaft zeichnet einen Kreis in den Sand, aus dem er den *cochonnet* sechs bis zehn Meter weit wirft. Anschließend wechseln sich beide Teams mit Würfen ab.

An der Côte d'Azur sollte man die Boule-Variante Pétanque kennen. Der Name leitet sich von *pés tanqués* ab, einem Dialektausdruck für „Füße zusammen“: Man wirft aus dem Stand, mit geschlossenen Beinen – am Anfang gar nicht so leicht. Unter Anleitung des Trainers lernt man es recht schnell.

Weitere Informationen

Pétanque-Kurse: (für Touristen) Boule-Platz in Saint-Paul de Vence unter den Platanen vor dem Café de la Place, auch auf Deutsch.
Kosten: 7 € pro Pers. (unabhängig von der Gruppengröße)

Kontakt: Tel. 04 93 32 86 95
Écomusée „La Maison de la Pétanque“: 1193, Chemin de St-Bernard, Vallauris, Mo.–Fr./Sa. 9.00–12.00, 14.00–18.30 Uhr
Alles Wichtige zum Pétanque-Spiel.

Mythos und Wirklichkeit

Saint-Tropez galt in den 1950er-Jahren als der angesagteste Treffpunkt des Jetsets. Stars wie Brigitte Bardot zählten zu den Stammgästen. Und noch immer schwärmen jeden Sommer Tausende aus, um am Strand oder in den Bars ihr Glück zu finden. Der besondere Charme von „Saint-Trop“ scheint unverwüstlich zu sein. In den weitläufigen Wäldern des Hinterlands – im Massif des Maures und im Esterel – leben viele seltene Tierarten. Seit die Berglandschaft unter strengem Schutz steht, sind Waldbrände zum Glück seltener geworden.

Friedlich liegen die Jachten im Hafen von Saint-Tropez, während in den Bars und Discos gefeiert wird.

Unterm Pflaster liegt in Fréjus, dem antiken Forum Julii, noch so manches römische Artefakt.

Hauptsehenswürdigkeit in Fréjus ist die Kathedrale aus dem 11./12. Jahrhundert mit dem Baptisterium aus dem 5. Jahrhundert. Im Bild das Narthexportal im Flamboyant-Stil.

Straßenleben im Schatten der christlichen Geschichte: Bereits im 4. Jahrhundert wurde Fréjus Bischofssitz.

Saint-Raphaël und Fréjus sind längst zu einem einzigen Häusermeer verschmolzen. Mit vereinten Kräften widmet man sich auch dem Tourismus. Die 1860 erbaute „Villa Mauresque" ist heute ein Hotel.

Der sommerliche Touristenrummel konzentriert sich zwischen Cannes und Hyères auf die beiden zusammengewachsenen Städte Fréjus und Saint-Raphaël mit ihren breiten Sandstränden und dem großen Freizeitangebot: Tauch- und Surfschulen, Kitesurfen, Film-, Musik- und Theaterfestivals, Ausfahrten mit alten Segelschiffen. Die kleinen Altstädte von Fréjus und Saint-Raphaël locken mit einem Künstlerrundweg, zahlreichen Restaurants, Cafés und Spezialitätengeschäften. Das von den Römern gegründete Fréjus hat das größte antike Amphitheater der Region und zeigt seine reiche Geschichte im archäologischen Museum.

Im Kakteenfieber

„Wen das Kakteenfieber einmal gepackt hat, den lässt es nicht mehr los." Henri Kuentz muss es wissen. Er hat einen der größten Kakteenzuchtbetriebe Europas von seinem Großvater übernommen. Kuentz senior züchtete Kakteen im Elsass. 1937 kaufte er seinen Pflanzen und sich ein Landgut bei Fréjus. „Wegen des Klimas ist er in den Süden gezogen", so Kuentz junior, Herr über Tausende von Kakteen auf dem 1870 als Zweitresidenz einer reichen Pariser Familie errichteten Domaine de la Magdalaine. Auf vier Hektar Fläche gedeihen botanische Raritäten wie eine über achtzigjährige Yucca-Palme, einst vom Großvater aus Mexiko importiert. „Kakteen sind maximale Energie- und Wassersparer", schwärmt der Züchter. „Sie überleben vier Jahre ohne Wasser. Wenn man sie dann wieder gießt, wachsen sie einfach weiter."

Besuch beim Förster

Zwischen dem 618 Meter hohen Mont Vinaigre und dem Mittelmeer vereinigen sich zahlreiche Landschaftstypen: In den höheren Regionen wachsen Korkeichen und Alpenpflanzen, dazwischen dehnt sich der mediterrane Maquis aus, ein karges Gestrüpp. An der Küste gedeihen Agaven und Kakteen.

In den Wäldern haben Falken und wilder Lavendel eine sensible Heimat gefunden.

„Die Leute sagen, das hier ist Kanada, Colorado, Mexiko und Afrika in einem", lobt Förster Bernard Mekhmoukh sein Revier. „Doch vor Jahren war hier alles verkohlt." Er streckt seinen Arm über ein Tal im Esterel-Gebirge zwischen Cannes und Saint-Raphaël aus und zeigt auf die schwarzen Spuren an Baumstämmen und Felsen. Die hat das verheerende Feuer von 1987 hinterlassen.

Inzwischen haben Korkeichen, Eichen, Pinien und der Maquis das 6100 Hektar große Naturschutzgebiet am Mittelmeer fast zurückerobert. In den Wäldern zwischen den eisenroten Felswänden haben Falken, kleine Bergadler, Hirsche, Wildschweine, Myrten, sizilianischer Knoblauch und wilder Lavendel eine sensible Heimat gefunden. „Die Natur beginnt erst nach zehn bis zwölf Jahren, sich von einem Waldbrand zu erholen", erklärt Mekhmoukh. Er und seine Kollegen bewachen die empfindliche Zone an der dicht besiedelten Côte d'Azur Tag und Nacht. Dreißg von vierzig Kilometer Straße im Esterel-Gebirge sind für Autos gesperrt. Wer beim Feuermachen erwischt wird oder eine brennende Zigarette wegwirft, zahlt.

In der Hochsaison drängen sich Tausende von Touristen an den Stränden von Saint-Tropez. Außerhalb der Stoßzeiten verwandelt sich das Städtchen zurück in ein beschauliches Fleckchen Erde in bevorzugter Lage.

Port Grimaud, ebenfalls am Golfe de Saint-Tropez, erinnert ein wenig an Venedig, denn viele Kanäle durchziehen die 1966 erbaute Siedlung.

Saint-Tropez liegt geschützt in einer tief eingeschnittenen Bucht. Von der Zitadelle, die zwischen 1590 und 1607 erbaut wurde, ergibt sich ein wunderbarer Blick.

Wander- und Radelparadies

Beliebt sind die kurvenreichen Landstraßen des Esterel und des westlich angrenzenden Massif des Maures bei Radfahrern, Wanderern und Mountainbikern gleichermaßen. Ein weitgehend gut markiertes Wegenetz durchzieht die beiden Gebirge. 414 Meter hoch liegt der Col Babou, ein Hügel, der es in sich hat. Die Landstraße schlängelt sich von Collobrières aus den Pass hinauf. Von dort oben dann kann man einen grandiosen Blick auf den Mont Faron, die Küste und die Insel Porquerolles genießen.

Flüchtlingskind im Paradies

Die autofreie Île de Porquerolles zählt 300 feste Einwohner auf 1254 Hektar Land. Auf der bogenförmigen Insel gibt

Kurvenreiche Landsträßchen machen Esterel und Massif des Maures bei Radfahrern und Mountainbikern beliebt.

es kleine Strände, Wald, Wanderwege, eine Windmühle und ein einziges Dorf mit sechs Hotels, ein paar Ferienwohnungen, einem Hafencafé und einem Restaurant. Libre, „frei", hat jemand auf das Ortsschild gesprüht. Die einzige geteerte Straße endet nach ein paar Hundert Metern. Danach führen nur noch lehmige Wege in den Wald. Die ganze Insel steht unter dem Schutz des Nationalparks.

„Wir leben hier im Paradies", sagt Marie-Claude Cano und zeigt in ihren Garten: Vor ihrem 1740 als Köhlerhaus erbauten kleinen Anwesen wachsen Kräuter und das eigene Gemüse, dahinter der dichte Wald aus Pinien, Korkeichen und anderen mediterranen Gewächsen. Drinnen heizt ihr Mann den Holzofen an. Als junge Frau kam Marie-Claude lange vor den Touristen Anfang der 1960er-Jahre wie so viele Algerienfranzosen an die

In Saint-Tropez findet jeder sein Plätzchen – ganz entspannt etwa im Kon-Tiki-Feriendorf an der Plage de Pampelonne (oben und Mitte links) oder beim Partymachen, zum Beispiel im Club Le Quai Joseph (Mitte rechts und unten).

Café de Paris am Hafen von Saint-Tropez: Den besten Blick auf das Geschehen haben Zaungäste von einem der Straßencafés aus – wenn man einen Platz bekommt, was vor allem im August recht schwierig werden kann.

Côte d'Azur. Sie und ihr Mann, ein Glacier (Eishersteller), fuhren immer wieder auf die Insel, um wilde Feigen, Mandarinen, Brombeeren, Bitterorangen, Grapefruits und andere Früchte zu pflücken. Zurück auf dem Festland, zauberte Marie-Claude aus dem Obst des Gartens Eden exquisite Liköre und Marmeladen, die sie in den Läden von Hyères verkaufte. „Wir wollten gern auf der Insel bleiben", sagt sie. Nach langen Verhandlungen mit dem Bürgermeister, dem Präfekten, der Nationalparkverwaltung und der Regierung hatte sie ihr Ziel erreicht und zog 1998 auf die Insel. Der Staat überließ der Familie das verfallene Köhlerhaus. Dafür musste sie das 250 Jahre alte Häuschen renovieren, die Früchte ernten und zu Marmelade verarbeiten.

Im Sommer, wenn täglich bis zu 10 000 Ausflügler die Insel heimsuchen, inszeniert Marie-Claude für Gruppen große Picknicks mit ihren Produkten in den Weinbergen der Insel. Die Auswahl ist riesig. „Wir haben hier 195 verschiedene Olivensorten und 140 Feigenarten", schwärmt sie. Gepflückt wird natürlich von Hand. Pflanzengifte oder Dünger kennen diese Obst- und Olivenbäume nicht.

Schönster Platz des Südens

Mit dem Film „Und immer lockt das Weib" gelang Brigitte Bardot 1956 der Durchbruch. Auch der Drehort Saint-Tropez wurde international berühmt. Der Strom der Stars, die sich hier in der Sonne rekeln, riss nicht ab. Trotzdem hat sich „Saint-Trop" den Charme eines provenzalischen Städtchens bewahrt. Auf der Place des Lices spielen Männer wie seit hundert Jahren Boule unter den mächtigen Platanen, oder man sitzt in einem der Cafés rund um den schönsten Platz des Südens. Nur im kleinen Hafen wird es manchmal eng – und wenn in den Bars wieder mal die ganz große Party angesagt ist.

Die besten Märkte

In Duft und Farbe schwelgen

Berge leuchtend roter Tomaten und frischer, knallvioletter Auberginen, saftig rote Melonenhälften, Trüffel, duftender Thymian und Rosmarin – die Märkte in den Orten an der Côte d'Azur inspirieren die Sinne. Vielerorts verkaufen Bauern und Bäuerinnen auch ihre selbst gemachten Leckereien an den Marktständen. So bietet sich dem genussvollen Gast die Freude der Wahl.

1 Spezialitäten, Kunst und Blumen am Meer

Auf dem Cours Saleya zu Füßen der Altstadt in Nizza kaufen nicht nur die vielen Touristen gerne ein. Die Chefkochs der umliegenden Restaurants wählen hier die besten Zutaten für ihre Kreationen. Auch wenn es im Sommer voll wird und es viele Produkte woanders billiger gibt: Ein Bummel über Nizzas Blumen- und Lebensmittelmarkt Marché aux Fleurs vor pastellfarben leuchtenden Altstadtfassaden lohnt sich. Jeden Montag findet auf dem Platz ein Antikmarkt *(brocante)* statt. Und von Juni bis Sept. verkaufen Künstler abends hier ihre Werke auf dem Marché Artasinal Nocturne.

Cours Saleya, Nizza, Di.–So. 6.00–17.30 Uhr (nachmittags schließen viele Stände); Künstlermarkt: Di. bis So.18.00–00.30 Uhr

2 Klein, aber fein

So präsentiert sich der Fischmarkt (Marché aux Poissons) auf der Place St-François vor der Kirche am oberen Ende der Altstadt von Nizza: nur gut eine Handvoll Stände, dafür ist er nicht so überlaufen. So hat der Käufer oder auch derjenige, der sich nur die Auslagen anschaut, reichlich Gelegenheit, all die verschiedenen Fische und das Meeresgetier in Ruhe zu betrachten.

Nizza, Di.–So. 6.00–13.00 bzw. 12.30 Uhr

3 Die Stadt ein Markt

Auf dem Cours Masséna in der Altstadt von Antibes präsentieren Händler und Bauern ihre Schätze. Künstlern kann man bei der Arbeit zusehen. Donnerstags verwandelt sich die ganze obere Altstadt in einen großen Freiluftmarkt mit Lebensmitteln, Kleidung und vielem mehr.

Cours Masséna, Antibes, Di.–So., Sommer auch Mo., 8.00–13.00 Uhr

4 Die Diamanten der Provence

Von Ende November bis Ende Februar verkaufen die Trüffelsucher des Var ihre teure Beute an jedem Donnerstagmorgen auf dem Markt in Aups. Die schwarzen Trüffel (provenz.: *rabasse,* lat.: Tuber Melanosporum) sind Pilze, die an Wurzeln von kranken Bäumen wachsen. Feinschmecker lieben sie wegen ihres intensiven, erdigen Geruchs und Geschmacks.

Marché aux Truffes, Aups, www.aups-tourisme.com/terroir/terroir-truffe.php

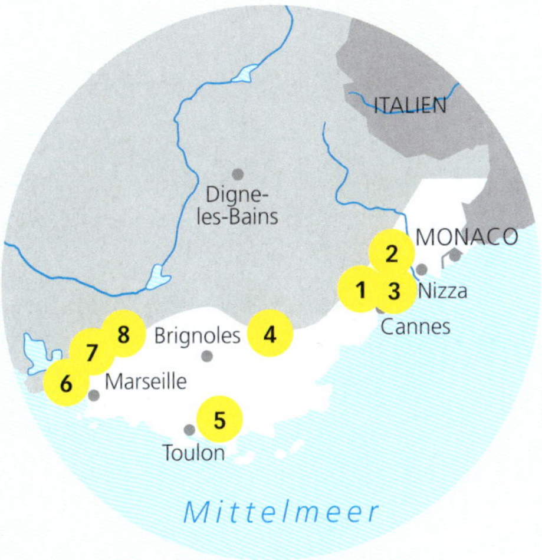

5 Ein Fest für Auge und Nase

Ganz Toulon trifft sich vormittags auf dem Markt des Cours Lafayette – dem größten Platz der Altstadt (Basse Ville). Auf Tischen und an Ständen stapeln die Marktfrauen (und einige Männer) ihr frisches Obst und Gemüse, *tapenade*, Oliven und weitere Köstlichkeiten: Es ist einer der größten Märkte der Region, Freitag und Samstag verkaufen außerdem Bauern aus der Umgebung ausschließlich eigene Produkte gleich um die Ecke in der Rue Paul Lendrin.

Cours Lafayette, Toulon, Di.–So. 7.00–13.00 Uhr

6 Frische Fische

Im Alten Hafen von Marseille verkaufen die Fischer seit 2000 Jahren jeden Morgen ihren Fang frisch vom Boot: Flundern, Seewolf, Muscheln und manchmal auch Seepferdchen. Aus großen Wannen starren die Fische Passanten mit weiß aufgerissenen Augen an. Es riecht nach Meer, Sonne und reichlich Zeit.

Vieux-Port, Marseille

7 Nordafrika in Marseille

Es sind in Marseille nur wenige Hundert Meter die Canebière hinauf nach Nordafrika. In den Gassen des Viertels Noailles verkaufen in weite, bestickte Gewänder gehüllte Algerier, Tunesier, Marokkaner, Senegalesen und Einwanderer aus vielen Ländern Produkte und Lebensgefühl ihrer Heimat an Obst-, Gemüse-, Klamotten- und Spezialitätenständen.

Metrostation Noailles, zwischen Cours Lieutaud und Rue de Rome, Marseille

8 Bio vom Nachbarn

Zwei, drei Blocks von Noailles weiter bergan steht man in Marseille plötzlich wieder mitten in einer ganz europäischen Großstadt. Der Verein Cours Julien organisiert auf dem von alternativen und grünen „Öko"-Cafés, -Restaurants und -Läden gesäumten Platz Cours Julien jeden Mittwochvormittag mit rund 30 heimischen Produzenten einen Bio-Markt. Es gibt Obst, Käse, Gemüse, Wein, Olivenöl, Brot und viel Selbstgemachtes.

Marseille, http://cours julien.marsnet.org

Massif des Maures
Massif de l'Esterel
Corniche de l'Esterel
Corniche des Maures
Îles d'Hyères
Parc National del Port-Cros
Île de Porquerolles
Île de Port-Cros
Île du Levant
Presqu île de Giens
Golfe de Giens
Rade d'Hyères
Golfe de St Tropez
Golfe de Fréjus
TOULON
LA GARDE
HYÈRES
FRÉJUS
ST-RAPHAEL
St-Tropez
Ste Maxime
St-Aygulf
Port-Grimaud
Bormes-les-Mimosas
Le Lavandou
Collobrières
Brignoles
Lorgues
Le Muy
Le Luc
Vidauban
Cogolin
Grimaud
Gassin
Ramatuelle
la Garde-Freinet
Cap du Dramont
Cap Camarat
Cap Bénat
Maßstab 1:300.000
0
3
6km

Reichlich Abwechslung entlang der Küstenstraße

Westlich von Cannes enden Glanz und Glitter der Schickeria-Riviera. Das Land weitet sich, das grüne Hinterland steht unter Naturschutz. Selbst der Touristenmagnet Saint-Tropez lebt in einem gemächlich-provenzalischen Alltagsrhythmus – zumindest außerhalb der Saison.

1 Saint-Raphaël

Zwischen die beiden Gebirgsketten Maures im Süden und Esterel im Norden schiebt sich das Mündungsdelta von Argens und Reyran. Hier liegt Saint-Raphaël (35 000 Einw.).

SEHENSWERT
In der kleinen Altstadt gibt es wenige herausragende Bauten. Auffallend sind die Festungskirche **San Rafeu** aus dem 12. Jh. und die rund 700 Jahre jüngere neobyzantinische **Basilika.**

AKTIV
Saint-Raphaël und Fréjus haben große, flache, kinderfreundliche **Sandstrände** mit zahlreichen Freizeit- und Sportangeboten.

Tipp

Das digitale Museum

Das archäologische Museum von Saint-Raphaël wird digitalisiert. Römische Amphoren, Scherben, prähistorische Werkzeuge und andere Exponate bekommen einen „quick response code", kryptische schwarz-weiße Zeichen, die der Besucher mit einem Smartphone scannen kann. Mit einem Klick öffnen sich dann Bilder und Hintergrundinformationen auf dem Handydisplay. Die Geräte sind am Empfang kostenlos ausleihbar. Fürs eigene iPhone gibt es eine App zum Herunterladen. Im Freien liefert die Technik Infos über Objekte in der Landschaft auf den Bildschirm, wenn man sie mit dem Smartphone anvisiert.

Rue de la Vieille Église, Rue des Templiers, Tel. 04 94 19 25 75, Di.–Sa. 9.00–12.00, 14.00–18.00 Uhr, außer an Feiertagen; www.musee-saintraphael.com

Saint-Léonce, die Kathedrale von Fréjus, und Meerblicke am Cap Dramont und an der Promenade von Saint-Raphaël

VERANSTALTUNG
Februar: **Fantaisies Carnavalesques,** Blumen- und Maskenumzüge zum Mitmachen, animiert von professionellen Straßentheatergruppen.

HOTEL
Von den oberen Etagen bietet das helle Zweisternehotel **€ € Beau Séjour** (Promenade du Président Coty, Tel. 04 94 95 03 75, www.beausejour-hotel.com) freien Blick aufs Meer.

UMGEBUNG
Im kleinen Badeort **Agay** lebte über viele Jahre die Familie des Piloten und Schriftstellers Antoine de Saint-Exupéry, Autor von „Der kleine Prinz". Das Rätsel um dessen mysteriösen Flugzeugabsturz wurde erst 70 Jahre später gelöst. 1998 hatte der Fischer Jean-Claude Bianco südöstlich vor Marseille Wrackteile im Meer entdeckt. Viele Jahre später wurde die Seriennummer „2734" eindeutig der Maschine zugeordnet, mit der Antoine de Saint-Exupéry zu einem Aufklärungsflug von Bastia (Korsika) Richtung Grenoble gestartet war. Seine letzte Reise endete am 31. Juli 1944 nahe der Insel Riou.
Die **Küstenstraße** Richtung Cannes, eine der schönsten der Côte d'Azur, schlängelt sich zwischen dem Meer und den roten Porphyrfelsen des Esterel durch die kaum bebaute Landschaft. Viele Stichwege führen hinunter ans Wasser, wo man außerhalb der Saison oft ungestört in winzigen Buchten baden kann.
An der Plage du Débarquement, am häufig sturmumtosten **Cap Dramont**, landeten im Sommer 1944 die Alliierten, um Südfrankreich von den deutschen Besatzern zu befreien.

INFORMATION
Office de Tourisme, 99, Quai Albert 1er, 83700 Saint-Raphaël, Tel. 04 94 19 52 52, www.saint-raphael.com

2 Fréjus

Die Römer haben dem Städtchen (54 000 Einw.) zahlreiche Monumente hinterlassen, darunter ein Aquädukt und das im 1. Jh. n. Chr. erbaute große Amphitheater, in dem im Sommer Open-Air-Konzerte stattfinden.

SEHENSWERT

Saint-Léonce, die **Kathedrale** TOPZIEL von Fréjus, wurde im 11./12. Jh. erbaut. Das angeschlossene Baptisterium datiert ins 5. Jh. Am **Circuit des Métiers d'Art** liegen rund 50 Läden, Ateliers und Werkstätten, in denen man den Künstlerinnen und Künstlern bei der Arbeit zusehen kann. In der **Villa Aurélienne** (Ave. du Général d'Armée Calliès, Tel. 04 94 52 90 49) finden Konzerte, Ausstellungen und Lesungen statt. Kängurus, Tapire, Nilpferde und Affen leben mit weiterem Getier im **Parc Zoologique** (Le Capitou, Route de Bonfin, www.zoo-frejus.com; März–Mai, Sept., Okt. tgl. 10.00–17.00, Juni–Aug. bis 18.00, Nov.–Febr. 10.30–16.30 Uhr). Auf einem ehemaligen Landgut züchtet Henri Kuentz **Kakteen** in allen Farben und Formen und verschickt sie an Sammler weltweit (Domaine de la Magdalaine, 327, Rue du Gén. Brosset, Tel. 04 94 51 48 66, www.kuentz.com).

ERLEBEN

Neben **Stadtführungen** vermittelt das Office de Tourisme geführte nächtliche **Wanderungen** durch das Esterel-Gebirge, geologische Stadtrundgänge und Führungen durch das im Belle-Époque-Stil gebaute Viertel Saint-Aygulf. Auf dem Wasser lohnen sich die Ausfahrten mit dem 18 m langen Segler La Brigante und die geführten **archäologischen Schnorchelgänge** (Aire de Carénage, Mobil 06 80 66 21 59, www.la-brigante.fr). In der 255 ha großen Lagune *(étangs)* von Villepey brüten und singen Tausende Vögel. Geführte **Wanderungen** gibt es hier im Juli/Aug. (Info: Office de Tourisme, Place de la Poste, Saint-Aygulf, Tel. 04 94 81 22 09, www.saint-aygulf-tourisme.fr).
Der von 200 Palmen gesäumte **Sandstrand** von Saint-Aygulf bietet Platz zum Spielen, Rennen und Ausruhen …
Boote vermietet Bateau École de Port Fréjus (Ave. des Forces Françaises Libres, Tel. 04 94 40 19 90, www.bateauecoleportfrejus.fr).
Die provenzalische Küche lernen die Gäste in den **Kochkursen** des Weinguts Le Clos des Roses kennen (1609, Route de Malpasset, Tel. 04 94 53 32 31, www.clos-des-roses.com, 2 Std., 80 €, mit Weinprobe). Gästezimmer gehören zum Hof.

VERANSTALTUNGEN

Juli: **Theaterfestival** „Les Nuits Auréliennes" mit Open-Air-Vorstellungen (Infos: Office de Tourisme). Oktober: „Roc d'Azur", größtes **Mountainbike-Festival** der Welt und **Drachenfestival** mit spektakulärem Schaufliegen.

HOTEL

Am Altstadtrand liegt das **€ € / € € € Hôtel Arena** (139–145, Rue du Gén.-de-Gaulle, Tel. 04 94 17 09 40, www.hotel-frejus-arena.com).

In Saint-Tropez kehrt Ruhe ein (u. r.); auch die Umgebung hat ihre Reize: Kastanienwälder (o.) und Collobrières (o. r.).

RESTAURANTS

Crêpes bekommen Sie im **€ Le Cadet Rousselle** (25 Place Agricola, Tel. 04 94 53 36 92), regionale Küche in der **€ Brasserie du Palais** (227, Rue Jean Jaurès, Tel. 04 94 44 80 48).

UMGEBUNG

Zwischen La Bouverie und Bagnols-en-Forêt (Straße D 47) hat die Blavet eine Schlucht in die Landschaft geschnitten. Die **Gorges du Blavet** locken Wanderer und Kletterer an.

INFORMATION

Office de Tourisme, 249, Rue Jean Jaurès, 83600 Fréjus, Tel. 04 94 51 83 83, www.frejus.fr

3 Saint-Tropez

In den 1950er-Jahren entdeckten Brigitte Bardot und andere Stars „Saint-Trop" (5400 Einw.). Seinen Charme hat sich der Ort bewahrt.

MUSEUM

Das **Musée de l'Annonciade** (Place Grammont, Tel. 04 94 17 84 10; Dez.–Okt. Mi.–Mo. 10.00–13.00, 14.00–18.00 Uhr) wartet mit einer erlesenen Sammlung von Werken bekannter Maler wie Paul Signac oder Pierre Bonnard auf.

ERLEBEN

Die European Diving School (Route de la Plage in Ramatuelle, www.europeandiving.de) des Deutschen Alexander Vogl bietet **Tauchausflüge** zu den gesunkenen Schiffen in der Bucht von Saint-Tropez sowie Tauchkurse an. Das Office de Tourisme organisiert **Führungen** auf den Spuren der Stars und von Filmen, die in Saint-Tropez gedreht wurden.

EINKAUFEN

Gemüse, Obst, auch Wein wird Do. und Sa. 8.00 bis 13.00 Uhr auf dem **Wochenmarkt** auf der Place des Lices verkauft. Die Tarte Tropézienne, eine mit Pudding gefüllte Brioche, bekommt man in La Tarte Tropézienne (Place des Lices, www.latartetropezienne.fr), die Sandalen von Les Tropéziennes in Schuhgeschäften an der **Place des Lices**.

VERANSTALTUNGEN

Mai: **Stadtfest** „Bravade" mit Prozession. Mitte Juni: Das Volksfest **Bravade des Espagnols** erinnert an die Vertreibung der Spanier 1637. Sept.: **Fischerfest** Saint-Pierre.

HOTEL

Simone Duckstein hat in ihrem **€ € € € Hôtel La Ponche** (5, Rue des Remparts, Tel. 04 94 97 02 53, www.laponche.com) Zimmer nach ihren berühmten Gästen benannt.

UMGEBUNG

Auf Sand und Sumpf verwirklichte der Architekt François Spoerry in den 1960er-Jahren in **Port Grimaud** (9 km östl.) ein französisches Retorten-Venedig. Die dünn besiedelte Hügellandschaft des **Massif des Maures** lädt zum Wandern, Radfahren und Mountainbiken ein. In **Collobrières** (35 km westl.) verarbeitet die Confiserie Azuréenne (Bd. Koenig, Tel. 04 94 48 07 20, www.confiserieazureenne.com) Esskastanien zu Marmeladen, Sirup etc.

INFORMATION

Office de Tourisme, 8, Quai Jean Jaurès (im Hafen), 83990 Saint-Tropez, Tel. 04 94 97 45 21, http://sainttropeztourisme.com

»Seurat und Signac (...); mutig brachen sie mit einer tausendjährigen Sehgewohnheit und führten die optische Mischung ein.«

4 Le Lavandou

Türkisblaues, klares Wasser an zwölf weiten Sandstränden, ein kleiner Hafen und jede Menge Restaurants: Le Lavandou (5900 Einw.) ist das Feriendorf schlechthin. Auch Ausflüge ins nahe gelegene Massif des Maures lassen sich von hier aus leicht bewerkstelligen.

SEHENSWERT

Der 2,5 km lange **Weg der Maler** *(chemin des peintres)* erinnert an die vielen vor allem neoimpressionistischen Künstler und Schriftsteller, die in Le Lavandou gelebt und gearbeitet haben. An Pulten finden sich Kopien von einigen ihrer Werke.
„Garten des Mittelmeers" nennt sich die 20 ha große **Domaine du Rayol** (Ave. des Belges, Rayol-Canadel-sur-Mer, Tel. 04 98 04 44 00, www.domainedurayol.org; Nov.–März 9.30 bis 17.30/18.30, Juli, Aug. bis 19.30 Uhr; Café ab 12.15 Uhr) zw. Le Lavandou und Saint-Tropez mit Pflanzen aus allen Mittelmeerländern.

ERLEBEN

An der Gare Maritime (Fährhafen) legen **Boote zu den Îles d'Or** ab (Infos unter Tel. 04 94 71 01 02, www.vedettesilesdor.fr). Die Besatzung des 27 m langen Traditionsseglers „L'Hoëdic" nimmt auch Feriengäste auf ihre **Segeltörns** mit (Info/Reservierung beim Office de Tourisme). An fast allen Küstenabschnitten des Département Var und auf vielen Inseln dienen die ehemaligen Zöllnerwege *(sentier des douaniers)* als markierte und ausgeschilderte **Wanderwege**, oft direkt am Meer mit schönen Ausblicken auf die Küste. Die örtlichen Tourismusbüros wissen jeweils aktuell, ob einzelne Abschnitte evtl. gesperrt sind.

UMGEBUNG

Den ab Anfang Februar blühenden Mimosen verdankt **Bormes-les-Mimosas** (4 km westl.) seinen Namen. Hier beginnt die 130 km lange „Route du Mimosa" (Mimosenstraße), die über Rayol, Sainte-Maxime, Saint-Raphaël, Mandelieu-la-Napoule, Tanneron, Pégomas, Grasse nach Menton führt (http://routedumimosa.com). Im Februar feiert der Ort das Mimosenfest mit Blütenumzug. Mit dem Label für „Qualitätstourismus" ausgezeichnet sind Tauchkurse und -ausflüge des Tauchzentrums Bormes Plongée (Tel. 04 94 64 91 28, www.bormesplongee.fr).
Fort Sainte-Agathe auf der **Insel Porquerolles** beherbergt ein Museum zur Geschichte der Insel. Marie-Claude Cano kocht für sich, diverse Läden und Besucher des Hofes Marmelade aus den Früchten der Insel (Saveur des Vergers, Ferme de l'Oustaou de Diou, Tel. 04 98 04 60 78). Das Weingut Domaine de la Courtade keltert aus den Trauben der Insel sehr guten Biowein (Tel. 04 94 58 31 44, www.lacourtade.com).

INFORMATION

Office de Tourisme,
Quai Gabriel Péri, 83980 Le Lavandou,
Tel. 04 94 00 40 50, www.ot-lelavandou.fr

Genießen Erleben Erfahren

DuMont Aktiv

Fischen mit den Profis

In Saint-Raphaël können Frühaufsteher von Mai bis September Fischer auf ihren Fahrten vor der Küste begleiten und beim Einholen der Netze helfen. Maximal zwei Touristen dürfen auf einem Kutter mitfahren.

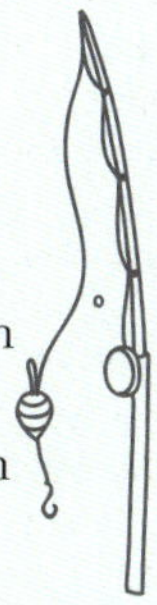

Noch hängt die Nacht über Hafen und Meer, doch hinter den Hügeln im Osten wird es schon leicht hell. Am Kai tuckert das blau-weiße Fischerboot mit aufgesteckter Suchlampe. Ein Bootsjunge hilft zwei Touristen über die Bordwand in den Kutter: Leinen los auf kleine Fahrt. Pierre, der Fischer, wirft rund eine halbe Meile vor der Küste sein Netz aus. Nebenbei erzählt er von seiner Arbeit. Schon sein Großvater war Fischer, ebenso sein Vater. Körperlich anstrengend, aber sonst ein eher ruhiges Leben, das allerdings in den letzten Jahren immer weniger abwirft. Dass er sich neuerdings von Gästen über die Schulter schauen lässt, verschafft ihm ein zusätzliches Einkommen.

Das Boot tuckert langsam durch die ruhige, im Sonnenaufgang rötlich schimmernde See. Nach gut einer Stunde holen Pierre, sein Gehilfe und die Gäste gemeinsam das Netz wieder ein. An der Hafenmole in Saint-Raphaël warten bereits die Köche aus den Restaurants der Umgebung auf den frischen Fisch, den sie direkt aus den Eimern kaufen und zu leckeren Gerichten verarbeiten.

Weitere Informationen

Tour:
Start: 5.00 Uhr, Hafenmole von Saint-Raphaël. Der Fischzug (auf Französisch!) endet mit dem Verkauf des Fangs an der Hafenmole etwa gegen 9.30 Uhr. Das rot-gelbe Label Pescatourisme gewährleistet seriöse Anbieter.

Kosten:
ab 60 € pro Person und Fahrt

Kontakt:
Reservierungszentrale Esterel/Côte d'Azur, Tel. 04 94 19 10 60, www.esterel-cotedazur.com

Fischer wie Touristen profitieren von der kleinen gemeinsamen Fischtour – die einen eher finanziell, die anderen werden um Wissen und Erfahrung reicher.

Azurblaue Weite unter Pinien

Le Grand Bleu, „das große Blau“, nennen die Einheimischen ihr Meer. Die westliche Côte verspricht Entspannung und Weitblick auf stillen Inseln und an Stränden, die man außerhalb der Ferienzeit für sich allein haben kann. Azurblauer Himmel, azurblaues Wasser und die Brise des Midi – ein Kunstwerk der Natur, Ton in Ton. Gemalt könnte es nicht schöner sein.

Szenerie bei der Halbinsel Giens, die sich an die Stadt Hyères anschließt.

Sogar Toulon, bedeutender Wirtschaftsstandort an der Côte d'Azur, bietet Sandstrand …

… und zahlreiche Sportmöglichkeiten.

Im Zweiten Weltkrieg stand in Toulons Hafen kaum noch ein Stein auf dem anderen. Die Wunden sind inzwischen vernarbt. Die Innenstadt und die Basse Ville genannte Altstadt sind frisch saniert.

Blick auf den Hafen von Toulon. Der größte Naturhafen des Mittelmeers wurde schon 1487 unter Ludwig XI. zum Flottenstützpunkt ausgebaut.

Bis heute ist die Marine mit 12 000 Beschäftigten wichtigster Arbeitgeber in Toulon.

Es gibt nichts Schöneres als Tamaris", schrieb vor über hundert Jahren die Schriftstellerin George Sand, die sich in dem heute vornehmen, von alten Villen geschmückten Toulоner Vorort niederließ. Der Seefahrer Jean Marius alias Michel Pacha ließ hier in weitläufigen Parks Ende des 19. Jahrhunderts an die fünfzig Residenzen im orientalisch-türkischen Stil errichten. So entstand eines der ersten Seebäder für reiche Touristen aus ganz Europa, die hier überwinterten. Inzwischen zählen Tamaris und seine Nachbarorte rund um die Bucht von Toulon zu den gefragtesten Wohngebieten der Stadt.

Der Schiffegucker

Im 17. Jahrhundert beauftragte Frankreichs König Ludwig XIV. seinen Baumeister Vauban mit der Errichtung einer ganzen Reihe von Festungen in der weiten, geschützten Bucht von Toulon. Schnell entwickelte sich der natürliche Hafen zur bedeutendsten Marinebasis Frankreichs.

Bis heute ist die Marine mit ihren 12 000 Beschäftigten wichtigster Arbeitgeber in Toulon. An den Kais liegen auf insgesamt zehn Kilometern zahlreiche Kriegsschiffe, darunter sechs atomgetriebene U-Boote und Frankreichs einziger Flugzeugträger, die ebenfalls von Atomkraft angetriebene „Charles-de-Gaulle". In Frankreich, das mehr als drei Viertel seines Stroms aus Kernkraftwerken bezieht, regt sich kaum jemand über die Atomanlagen mitten in der Großstadt auf. Und wenn, würde es wahrscheinlich nichts ändern.

„Die nationale Verteidigung stellt niemand infrage", weiß Lucas Martinez, ein junger Mann um die dreißig, der Besucher durch das Nationale Marinemuseum führt. Außerdem habe die Marine alles im Griff. Es gebe „strenge Sicherheitsbestimmungen". Immer wieder führe die Marine Zivilschutzübungen durch, die bei den meisten Anwohnern jedoch auf wenig Interesse stießen. Viele wüssten gar nichts über die Atomschiffe im Hafen von Toulon. Im Juli und August fahren kleine Bummelzüge Touristen durch den ansonsten streng abgeriegelten Marinestützpunkt.

Kriegsfolgen

Den Zweiten Weltkrieg hätte Toulon beinahe nicht überstanden. Nachdem die Nazi-Wehrmacht 1942 auch Südostfrankreich besetzt hatte, versenkte sich die im Hafen von Toulon liegende französische Flotte, damals die viertgrößte der Welt, selbst. Die Deutschen bemächtigten sich der Stadt und des Hafens, den die Alliierten deshalb in Schutt

Hyères war der erste Ort an der Côte d'Azur, den die Engländer Ende des 18. Jahrhunderts als mediterranes Reiseziel für sich entdeckten. Nizza, Cannes und all die anderen folgten erst später.

Rund vierzig Kilometer landeinwärts liegt die Zisterzienserabtei Le Thoronet.

Wegen der vielen Palmen im Stadtgebiet nennt sich Hyères auch Hyères-les-Palmiers oder „Stadt der 7000 Palmen". Zahlreiche enge Gässchen durchziehen die Altstadt.

Die Abtei Le Thoronet, ab 1160 erbaut, gehört zu den schönsten Beispielen der provenzalischen Romanik. Hier befindet sich das letzte erhaltene Brunnenhaus der Provence.

und Asche bombten. Die Basse Ville genannte größte Altstadt an der Côte d'Azur blieb weitgehend erhalten.

Plattenbau am Meer

Rund um Toulons Hafen baute man nach dem Krieg möglichst schnell und möglichst billig Wohnungen: gigantische Betonblocks wie in Osteuropa, die sich im blauen Meer spiegeln. Auch die Flaniermeile am Hafen mit ihren zahlreichen Cafés, Restaurants und Läden erweckt den Eindruck, als hätte jemand Berlin-Marzahn oder -Hellersdorf ans Mittelmeer verfrachtet. Den besten Überblick über die Stadt, die Bucht und die Inseln vor der Küste bietet Toulons Hausberg, der Mont Faron, auf den eine Seilbahn fährt.

La Cade – Das fahrende Feuer

Vor dem Handwagen mit dem roten Stoffdach steht fast immer eine Schlange. „Gesalzen und gepfeffert wie immer?", fragt Vanessa Wohlwend und holt schon mit dem Salzstreuer aus. Die Kundin nickt. Sekunden später hat Vanessa die Cade-Stücke in ein Plastiktöpfchen verfrachtet und in Papier eingewickelt. 1,30 Euro kostet das kleinste Schälchen der Touloner Spezialität. „Die *cade toulonnaise* besteht aus Kichererbsen, Wasser und Olivenöl. Der Rest ist ein Geheimnis." Ein köstliches: Wer mit der Cade einmal anfängt, kann so schnell nicht wieder aufhören. Vermutlich brachten Genueser die Cade im 19. Jahrhundert nach Toulon. Wie die wesentlich dünner gebackene Socca in Nizza trugen Frauen die Fladen auf den runden Blechen mit etwa einem halben Meter Durchmesser durch die Stadt und riefen *„calda, calda"*, also: heiß.

Das einfache Gericht aus billigen Zutaten nährte früher vor allem die Armen. Ganze Familien wurden damit kostengünstig satt. Weil die Cade so gut ankommt, beliefern Vanessa und Sébastian inzwischen Firmen, Kantinen und große Feste mit ihrer Leckerei.

„Wir wollen unser reiches Erbe zeigen, nicht zerstören."

Die „Grüne Provence"

Keine Arbeit, keine Zukunft, keine Hoffnung. Die Jungen ziehen in die großen Städte, die Alten bleiben zurück. Auch im dünn besiedelten Hinterland der Provence, den Bergen des Var und der Alpes-Maritimes sterben Dörfer einen langsamen Tod. Früher lebte man vom Bauxit und von der Landwirtschaft. Die unrentablen Minen sind längst geschlossen und auf den Äckern wächst vor allem Wein. So suchen die Dörfer und Städtchen des mittleren Var zu beiden Seiten der Autobahn A8 nach neuen Einnahmequellen.

„Wir wollen unser reiches Erbe zeigen, nicht zerstören", versprach zur Jahrtausendwende Alfred Gautier, Initiator der Provence Verte und Bürgermeister des 4000-Einwohner-Ortes Le Val. Damals haben sich einige Gemeinden rund um Brignoles zur „Grünen Provence" zusammengeschlossen. Mit einem gemeinsamen Auftritt und Angeboten unter einheitlichem Logo will man die vielen Durchreisenden auf das kaum bekannte Land rund 60 Kilometer nordwestlich der überlaufenen Küste aufmerksam machen. 2015 nennt die Website der Provence Verte bereits 39 Gemeinden.

Rettung sanfter Tourismus

Heute gilt der sanfte Tourismus den Gemeinden der Provence Verte als wichtigster Wirtschaftszweig: Ferienwoh-

Im wirtschaftlichen wie touristischen Windschatten der Küstenregion tun sich große Herausforderungen auf. Einige Gemeinden, darunter das malerische Correns, setzen unter dem Label „Provence Verte – Grüne Provence" ganz auf Bio.

Correns hat sich zum Biodorf erklärt. Seit 1997 produzieren die Erzeuger biologisch.

Auch viele Winzer, wie die Familie Latz, bewirtschaften ihre Weinberge nun biologisch.

Auf dem „Domaine des Aspras“ in Correns wird nicht nur Biowein angebaut – Madame Lisa Latz beherbergt auch Feriengäste.

Weder Insektizide noch Herbizide oder Fungizide werden verwendet.

nungen auf mit Liebe zum Detail restaurierten Landgütern, deren Besitzer selbst für die Gäste kochen. Die Zutaten kommen aus dem eigenen Garten oder vom Bauern nebenan. Viele Landwirte stellen auf „Bio“ um.

Muße für Künstler

Ruhe und Weite geben Kraft und Inspiration. In den kleinen, stillen Dörfern der Provence Verte rund um das Städtchen Brignoles lassen sich immer mehr Künstler und Kunsthandwerker nieder, die alte Traditionen wiederbeleben: Holzschnitzer, die wie früher die traditionellen Krippenfiguren der Provence, die *santons*, anfertigen. Oder Fayence-Malerinnen im Keramikdorf Varages oder Köche und Gastronomen, die regionale Spezialitäten wiederentdecken. Mit viel Einsatz renovieren sie alte Häuser und bauen sie zu Ateliers, kleinen Galerien und Läden um. In Varages zum Beispiel greifen Künstlerinnen wie Micheline Sadki oder Nadie Xaxa die mehr als 300 Jahre alte Töpfereitradition wieder auf, lernen die alte Technik und ergänzen sie mit modernen Erkenntnissen. Anders als unten an der Küste fließt das Leben hier oben unaufgeregt dahin. Hektik, Gedrängel und marktschreierische Wichtigkeit werden von niemandem geschätzt.

Special

Miel de Provence

Gefährdete Spezialität

Er ist süß, lecker und bei Touristen als Mitbringsel sehr beliebt. Blütenhonig von den Alm- und Bergwiesen der Hochprovence ist eine der wichtigsten Spezialitäten im Hinterland der Côte d’Azur. Doch die Bienen, die den guten Honig liefern, werden immer weniger.

Akazien im Frühling, Lavendel im Sommer, Kastanien im Herbst: Zwölf verschiedene Sorten Honig produziert Fabienne Jullien-Guieu in ihrer Imkerei in Cotignac nordöstlich von Brignoles. In ihrem Hofladen verkauft sie auch Seife, Hautcremes und viele weitere Produkte aus Honig.

Den Betrieb hatte Fabiennes Urgroßvater Ende des 19. Jahrhunderts gegründet. Wie schon damals fliegen die Bienen zur Blütezeit auf die Almwiesen der Haute-Provence. Wenn sie wieder „zu Hause“ sind, können die Besucher in Schutzanzügen den Imkern bei der Arbeit über die Schulter schauen. Allerdings ist das Bienensterben inzwischen auch in der Provence angekommen. „Die Insektenspritzmittel der Landwirte zerstören den Orientierungssinn der Bienen“, beklagt Fabienne. „Sie finden dann nicht in ihren Stock zurück.“ Dazu kommen Monokulturen, die den Insekten immer weniger Blüten bieten, Umweltverschmutzung durch Abgase sowie Parasiten, die seit gut zwanzig Jahren die Bienenvölker zusätzlich schwächen.

Honig frisch vom Imker

TRÜFFEL

Das schwarze Gold der Provence

Frankreich ist vor Italien und Spanien der weltgrößte Produzent von Trüffeln. 75 bis 80 Prozent der französischen Ernte stammen aus der Region Provence-Alpes-Côte d'Azur. Die Trüffelsucher bedienen sich der guten Nase von Schweinen und Hunden, um den begehrten Pilz zu finden.

Gute Ware? Die Kennerin erkennt frischen Trüffel am intensiv erdigen Geruch.

Der Duft weist den Weg – ein schwerer, erdiger, leicht nussiger Geruch. Er führt auf den Marktplatz von Aups. „Es ist nichts da", klagen die frierenden, dick eingemummten Gestalten, die an den Mauern um den Marktplatz Schutz vor dem eisigen Wind suchen, der die Kälte aus den tief verschneiten Bergen in die grünen Täler des Var bläst. Bullige Männer mit kräftigen Händen greifen behutsam nach den wenigen Knollen, die den trockenen, heißen Sommer überstanden haben. „Vielleicht hat Louis welche", flüstert der eine, vielleicht Jean, hofft ein anderer. Vergeblich. Nur Madame und Monsieur B. haben ein paar Knollen mitgebracht, die sie, in eine Plastiktüte gewickelt, vorsichtig auf den Campingtisch vor dem Gemeindehaus legen. Daneben steht eine grammgenaue Waage. Sofort verschluckt eine Menschentraube Madame B. und ihren kleinen Verkaufsstand. Die Kunden nehmen andächtig eine Knolle aus der Tüte, beschnuppern sie von allen Seiten, halten inne, überlegen, drücken die Knolle vorsichtig. Wortlos. Der Preis steht fest: 800 Euro pro Kilo. Bezahlt wird bar. Rasch wechseln die Scheine den Besitzer. Schließlich läuft hier alles an der Steuer vorbei. Die Finanzbeamten in der fernen Bezirksstadt wissen das. Normalerweise lassen sie sich hier oben nicht blicken. Normalerweise! Misstrauische Blicke der eingeschworenen Gemeinschaft mustern die wenigen Fremden, die sich in der eisigen Morgendämmerung auf den Marktplatz wagen.

Jean-Pierre dankt dem Baum und verneigt sich vor dem kräftigen Stamm.

Schön sind sie nicht, die edlen Knollen, aber hoch begehrt. Entsprechend exorbitant sind die Preise, die Liebhaber und Köche zu zahlen bereit sind.

Ganz auf Trüffelkreationen setzt man im Restaurant Chez Bruno in Lorgues nahe Aups.

Rund um die Feinschmeckerknolle

Allgemein
Erntezeit der schwarzen Wintertrüffel: November bis Mai
Qualität: Fachleute erkennen eine gute Trüffel am Geruch, an ihrer festen, aber nicht harten Konsistenz und an der leichten schwarz-weißen Marmorierung im Inneren.

Zubereitung: Ihren Geschmack entfalten die Trüffeln am besten, wenn sie ganz frisch gerieben werden.

Trüffelroute im Var
Die mit Eichenblatt und Trüffelknolle gekennzeichnete Trüffelroute im Département Var verbindet von West nach Ost diverse Orte und Dörfer wie Vinon-sur-Verdon, Régusse, Aups und Lorgues. Unterwegs gibt es überall auf Trüffel spezialisierte Lokale, Trüffelfeste und -märkte.

www.visitvar.fr/provence-cote-azur/routes-touristiques/route-de-la-truffe

Vom Trüffelfieber gepackt

„Wenn dich diese Leidenschaft gepackt hat, lässt sie dich nie mehr los", versucht Jean-Pierre eine Erklärung für das Trüffelfieber, während er seinen alten Citroën über die steinigen, gefrorenen Feldwege lenkt. Am Ziel springt seine Pyrenäenschäferhündin sofort aus dem Auto und fängt an zu scharren. Sekundenschnell buddelt sie schwanzwedelnd ein rund zwanzig Zentimeter tiefes Loch in den Boden. Jean-Pierre greift hinein und strahlt über das ganze Gesicht. Der Hund hat eine kinderfaustgroße Knolle gefunden. Jean-Pierre dankt dem Baum, indem er einige seiner Blätter in das kleine Erdloch legt, es wieder schließt und sich vor dem Stamm verneigt.

Handel in Verbundenheit

„Die Gesetze der Wirtschaft kennen Sie doch", beginnt Madame B. ihre Erklärung des Trüffelkults auf dem Markt in Aups, während sie einen Packen Scheine einsteckt und den leer gekauften Stand abbaut. „Alles was rar ist, ist teuer." Dennoch ärgert sie sich, dass „man daraus ein Luxusgericht für Reiche macht." Schließlich sei *la rabasse,* wie die Trüffel im Var heißt, ein Produkt der Erde. Und „die Erde ist uns gegeben, damit wir sie lieben. Wir lieben die Hunde, und sie geben uns ihre Liebe zurück. Und so finden wir zusammen die Trüffeln."

Auf den Hund gekommen

Warum der Mensch vom Schwein auf den Hund kam? Ganz einfach: Hunde suchen Trüffeln, um ihrem Herrchen oder Frauchen eine Freude zu machen. Schweine suchen Trüffeln, weil sie die aromatischen Knollen fressen wollen. So hat der Mensch beim Schwein oft das Nachsehen. Hinzu kommt, dass Hunde sich leichter abrichten und zum Suchgebiet transportieren lassen. Aus all diesen Gründen ist der Trüffelbauer auf den Hund gekommen.

Zu einem Trüffelmarkt gehören auch Trüffelsammler und ihre vierbeinigen Helfer. Die einen verlassen sich auf die Nase von Hunden, die anderen setzen auf Trüffelschweine.

Vinon-sur-Verdon
Quinson
Baudinard-sur-Verdon
Artignosc-sur-Verdon
Mirabeau
St Paul-lès-Durance
Cadarache (Centre d'études Nucléaires)
Ginasservis
St Julien
la Verdière
Grand Blé
Montmeyan
Régusse
Moissac-Bellevue
Aups
Villecroze
Tourtour
Salernes
B. de Mont Major
Rians
Varages
Tavernes
Barjols
Esparron
Artigues
St Martin
Fox-Amphoux
Sillans la Cascade
Séouve Sommet
Pontevès
Gros Bessillon
B. de Bessillon
Cotignac
Entrecasteaux
Pourrières
Ollières
St-Maximin-la-Ste-Baume
Basilique
Rousset
Trets
Mont Aurélien
Olympe
Châteauvert
Correns
Carcès
Lac de Carcès
Abbaye du Thoronet
le Thoronet
Montfort-sur-Argens
Tourves
Brignoles
La Provençale
le Val
Cambarette
Le Luc
Flassans-sur-Issole
Camps-la-Source
Besse-sur-Issole
Forcalqueiret
Garéoult
Néoules
Rocbaron
La Roquebrussanne
Montagne de la Loube
Mazaugues
Signal de la Ste Baume
Massif de la Sainte Baume
St Zacharie
Nans-les-Pins
Plan-d'Aups
Gémenos
Cuges-les-Pins
Signes
Méounes-lès-Montrieux
Pilon St Clément
Puget-Ville
Carnoules
Pignans
Gonfaron
Cuers
Pierrefeu-du-Var
Baisse du Castellas
Collobrières
le Beausset
le Castellet
La Cadière-d'Azur
St Cyr-sur-Mer
LA CIOTAT
les Lecques
Bandol
Sanary sur-Mer
Ollioules
Six-Fours-les-Plages
La Seyne-sur-Mer
TOULON
La Valette-du-Var
LA GARDE
Le Pradet
Carqueiranne
Solliès-Pont
Solliès-Ville
La Crau
HYÈRES
Île des Embiez
Presqu'île de St-Mandrier
Cap Sicié
Cap Cépet
Golfe de Giens
Presqu'île de Giens
Rade d'Hyères
Île de Porquerolles
Porquerolles
Cap de Brégançon
Mont Caume
Mont Faron
Rocher de l'Aigle
Gros Cerveau
Bau de 4 Heures
Maßstab 1:300.000
0 3 6km

Voller Kontraste

Eine Region der Gegensätze: An der Küste liegt mit Toulon der wichtigste Militärhafen Frankreichs, im Hinterland breitet sich die „Provence Verte" aus, die Grüne Provence, mit ihren Wanderwegen, Weinbergen und Flüssen rund um Brignoles. Es lohnt sich, diese unbekannte Seite der Ferienregion zu entdecken.

1 Toulon

Toulon, mit rund 170 000 Einwohnern Hauptstadt des Départements Var, hat sich verändert. Einst langweilige Provinzstadt voller Militär, wendet sie sich wieder dem Meer und der provenzalischen Lebensfreude zu. Die 22 ha große Basse Ville (Altstadt) ist frisch saniert. Ein Tunnel soll das Zentrum vom Dauerstau befreien.

SEHENSWERT

Die einfachen Militärs wohnen in den gigantischen Betonblöcken am Hafen. Einer der größten und schönsten Märkte (Di.–Sa. vormittags) weit und breit findet sich vor provenzalischen Bürgerhausfassaden an der **Cours Lafayette** in der **Altstadt** TOPZIEL.

Angesagt ist neben der Altstadt das teuer gewordene Viertel **Mourillon** im Osten und direkt am Meer. Hier gibt es zahlreiche Restaurants, auch am Strand, viele inzwischen renovierte alte Häuser und einen netten Markt.

Forts und weitere Militäranlagen stehen heute den Touristen offen, zum Beispiel das zwischen 1672 und 1680 errichtete **Fort de l'Éguillette** vor dem Hafen. In der **Tour Royale**, einem Festungsturm aus der Zeit Ludwigs XIV., den die Militärs erst 2010 öffentlich zugänglich gemacht haben, veranstaltet die Stadt regelmäßig Konzerte.

Am nördlichen Stadtrand fährt eine Seilbahn (*téléférique*; Bd. Amiral Vence, Tel. 04 94 92 68 25, www.telepherique-faron.com; Febr.–Nov. tgl. ab 10.00 Uhr, je nach Jahreszeit unterschiedlich lange) auf den 584 m hohen Touloner Hausberg **Mont Faron.** Oben beeindruckt der schöne Blick auf die Stadt, den Militärhafen und die Inseln vor der Küste; zudem gibt es hier ein Café, ein Restaurant und zahlreiche Wanderwege.

MUSEEN

Auf dem Mont Faron erinnert das **Mémorial du Débarquement** (Tel. 04 94 88 08 09, www.cheminsdememoire.gouv.fr; Okt.–April Di.–So. 10.00–13.00, 14.00–17.30, Mai–Sept. bis 18.30 Uhr, Juli, Aug. tgl.) an die Landung der Alliierten und die Befreiung der Provence von der deutschen Besatzung 1944.

Das **Marinemuseum** an der Place Monsenergue, Quai de Norfolk, Tel. 04 22 42 02 01, www.musee-marine.fr/toulon; Mi.–Mo. 10.00–18.00 Uhr, Juli, Aug. tgl.) erzählt in großzügig gestalteten Räumen mit interaktiver Technik die Geschichte des Hafens, des Festungsbaus und der Seefahrt in der Region.

Ehrenamtliche des Vereins Les Amis du Vieux Toulon betreiben mit viel Engagement das **Heimatmuseum** und die Bibliothek im ehemaligen Bischofspalast (8, Cours Lafayette und 10, Rue Saint-Andrieu, Tel. 04 94 62 11 07, www.avtr.fr, Mo.–Sa. 14.00–17.45 Uhr).

Vorteile von Toulon: schöne Strände und Jachten am Hafen, und mit der Seilbahn geht es auf den Mont Faron mit schönem Blick.

ERLEBEN

Über 85 km führt der **Radweg** Le Belvédère de l'Ouest Varois über Cap Sicié und Saint-Cyr-sur-Mer zum Mont Caume und durchs Hinterland zurück nach Toulon.

Hafenrundfahrten wie auch **Überfahrten** (Sommer) nach Porquerolles und Port Cros bietet Bateliers de la Côte d'Azur (Tel. 04 94 48 01 00, www.bateliersdelacotedazur.com sowie Tel. 04 94 46 24 65, www.lesbateliersdelarade.com).

VERANSTALTUNGEN

Zum französischen Nationalfeiertag am 14. Juli wird ein großes **Feuerwerk** im Hafen von Toulon veranstaltet, im Juli findet auch **Jazz à Toulon** mit zahlreichen, teils kostenlosen Open-Air-Konzerten statt (www.jazzatoulon.com). Die Musiker reisen sowohl aus der Region als auch aus anderen Landesteilen an, auch internationale Bands treten auf.

Der **Weihnachtsmarkt** im Dezember widmet sich den provenzalischen Krippenfiguren (*santons*).

HOTELS

29 klimatisierte und nach Kontinenten thematisch gestaltete Zimmer bietet das **€ / € € Celenya Hôtel** (7, Rue de Chabannes, Tel. 04 94 92 37 44, www.hotel-celenya-toulon.com) in der Nähe des Bahnhofs.

Praktisch und modern ausgestattet, liegt das **€ € / € € € Best Western La Corniche** (17, Littoral Frédéric Mistral, Tel. 04 94 41 35 12, www.hotel-corniche.com) im Stadtteil Mourillon fast direkt am Meer. Die Zimmer zur Südseite sind laut.

RESTAURANTS
In der Altstadt haben im Zuge der Sanierung schicke Cafés und Restaurants eröffnet. Gehobene provenzalische Küche, Tapas und Eisspezialitäten serviert das **€ € / € € € Le Richardi** (25 bis, Rue de la Comédie, Tel. 04 94 64 66 39) in modernem Lounge-Ambiente.
Auf Bouillabaisse (auf Bestellung) und andere regionale Gerichte des Südens hat sich **€ € Les Têtes d'Ail** (22, Rue des Bonnetières, Place de la Poissonnerie, Tel. 04 94 62 07 64, www.lestetesdail.fr) mitten in der Altstadt unter alten Olivenbäumen spezialisiert. Einige Mitarbeiter sprechen auch Deutsch.

UMGEBUNG
Rund um **Hyères** (20 km östl.), die „Stadt der 7000 Palmen", verläuft ein 96 km langer Fahrradweg. Tauchkurse und Unterwassertouren zu Barrakudas und gesunkenen Schiffen bietet die European Diving School (Plage de la Capte, Camping Eurosurf, Mobil 06 07 51 15 56, www.europeandiving.de).
1850 begann die Salzgewinnung in den 1995 stillgelegten Salinen an der Westküste der **Halbinsel Giens.** Heute brüten und rasten hier Zugvögel und Flamingos. Die Tourist-Information in Hyères (Rotonde du Park Hôtel, Avenue de Belgique) vermittelt geführte ornithologische Wanderungen und Führungen zur Geschichte der Salzgewinnung.
Die **Îles d'Hyères** oder Îles d'Or sind dem Küstenabschnitt zwischen Hyères und Le Lavandou vorgelagert. Vom Anleger La Tour Fondue an der Spitze von Giens legt die Fähre nach Porquerolles ab. Von Hyères aus verkehrt sie nach Port Cros (Tel. 04 94 58 21 81, www.tlv-tvm.com).

INFORMATION
Office de Tourisme,
12, Place Louis Blanc, 83000 Toulon,
Tel. 04 94 18 53 00, www.toulontourisme.com

Tipp

Keramik ab Werk

Als das Traditionsunternehmen Faïencerie de Varages angesichts der chinesischen Billigkonkurrenz 1990 nach fast 300 Jahren vor der Pleite stand, kauften die Mitarbeiter das Unternehmen. Sechs Beschäftigte fertigen im selbstverwalteten Betrieb aus vorgebackenem portugiesischem Ton spülmaschinenfeste Butterdosen, Vasen, Teller, Schüsseln, Becher. Das Design ist schlicht-modern, in leuchtenden, klaren, angeblich schwermetallfreien Farben. Verkauft wird direkt aus der Werkshalle, vor allem an Touristen und Ausflügler, Hotels und Restaurants.

28, Rue du Général-de-Gaulle,
Varages, Tel. 04 94 80 73 06,
www.varages.com, tgl. 9.00–18.00,
Nov.–März bis 17.30 Uhr

Im Ste-Baume-Massiv ist das Ziel vieler Wallfahrer die Basilika Sainte-Madeleine in Saint-Maximin-la-Sainte-Baume.

2 Brignoles

Die Kreisstadt (16 000 Einw.) versorgt das Umland mit Fachgeschäften, größeren Läden und diversen anderen Angeboten. 38 Gemeinden – schmucke Dörfer, deren Bruchsteinhäuschen sich an Weinberge schmiegen – haben sich rund um Brignoles zum Pays de la Provence Verte („Land der Grünen Provence") zusammengeschlossen. Anbieter hier legen Wert auf die Verwendung regionaler Produkte.

HOTEL
Die **€ € / € € € Auberge de Correns** (34, Place du Général-de-Gaulle, Tel. 04 94 59 53 52, www.aubergedecorrens.fr) ist ein kleines Hotel mit 6 klimatisierten Zimmern, Restaurant und Pool. Die Betreiber sprechen auch Deutsch.

UMGEBUNG
La Celle (3 km südl.) ist ein typisch provenzalisches Dorf mit Marktplatz, Kirche, Dorfkneipe, Restaurant, Kunstgalerie (Lantelme), vier Weinkellern und ein paar kleinen Läden. Im Flüsschen Caramy kann man Forellen fangen (Genehmigung erforderlich). **Correns** (15 km nördl.), Frankreichs erstes „Biodorf", liegt idyllisch am Flüsschen Argens. Bio ist vor allem der Weißwein, den die örtliche Kooperative keltert und auch nach Deutschland verkauft. An der Straße nach **Châteauvert,** im Vallon Sourn, gibt es einen Strand und eine Felswand zum Klettern. Das **Château de Miraval** (6 km südl. von Châteauvert) war in den 1980er-Jahren Sitz des Tonstudios Miraval, wo Popgrößen wie Pink Floyd, Sting oder AC/DC Platten aufnahmen. Seit 2008 befindet sich das Anwesen im Besitz des amerikanischen Schauspielerpaares Brad Pitt und Angelina Jolie.

INFORMATION
La Provence Verte, Maison du Tourisme,
Carrefour de l'Europe, 83170 Brignoles,
Tel. 04 94 72 04 21,
www.la-provence-verte.net

3 Aups

Die Kleinstadt (2095 Einw.) ist für ihre schwarzen Trüffeln bekannt.

ERLEBEN
Die Hauptstadt des Varer Trüffelkults ist auch Teil der mit einem Eichenblatt und der Trüffelknolle gekennzeichneten **Trüffelroute.** Sie verbindet von West nach Ost entsprechende Orte mit auf Trüffel spezialisierten Lokalen, Trüffelfesten und -märkten, darunter sind das Dorf Vinon-sur-Verdon und Bauduen.

VERANSTALTUNGEN
Von Ende Nov. bis Ende Febr. findet hier jeden Do.-vormittag der drittgrößte **Trüffelmarkt** Frankreichs statt. Am 4. So. im Jan. kommt man zur großen **Trüffelmesse** *(journée de la truffe)* zusammen, im Okt. zum **Trüffelmarkt.**

UMGEBUNG
Im Haus seiner Großeltern in **Lorgues** (22 km südöstl.) hat Clement Bruno eines der bekanntesten Trüffelrestaurants Frankreichs eröffnet

»39 Gemeinden haben sich zusammengeschlossen, um Sie an einer Lebensart fernab des Massentourismus teilhaben zu lassen.«

(Campagne Mariette, Tel. 04 94 85 93 93, www.restaurantbruno.com; man sollte unbedingt vorbestellen!).
Wer außerhalb der Saison kommt, erlebt die magische Ruhe der im Jahr 1146 gegründeten romanischen Zisterzienserabtei **Le Thoronet** **TOPZIEL** (30 km südl.; Tel. 04 94 60 43 90, www.le-thoronet.fr; April–Sept. Mo.–Sa. 10.00 bis 18.30, So. 10.00–12.00 und 14.00–18.30, Okt.–März bis 17.00 Uhr, 1. Jan., 1. Mai, 1. und 11. Nov., 25. Dez. geschl.). Wie es der zisterziensischen Regel entsprach, liegt sie abgeschieden, die Architektur der Basilika ist schlicht gestaltet, auf Verzierungen und Bauschmuck wurde verzichtet.

INFORMATION
Office de Tourisme,
Place Frédéric Mistral, 83630 Aups,
Tel. 04 94 84 00 69, www.aups-tourisme.com

4 Saint-Maximin-la-Sainte-Baume

Das Landstädtchen (14 000 Einw.) inmitten einer weiten Ebene ist Ziel von Wallfahrern und Kunstbeflissenen.

SEHENSWERT
In Saint-Maximin erhebt sich Südostfrankreichs größtes gotisches Bauwerk: die 1295 begonnene **Basilika Sainte-Madeleine**, die in ihren Ausmaßen (73 m lang, 37 m breit, 29 m hoch) an so manche Kathedrale einer heutigen Großstadt erinnert. Der Legende nach soll Maria Magdalena nach dem Kreuzestod Jesu mit drei Begleitern an diesen Ort geflohen und hier beerdigt sein. In der Krypta befindet sich ein Sarkophag aus dem 4./5. Jh., der die Gebeine der Heiligen enthalten soll. Die Reliquien lenken bis heute große Pilgerströme hierher. Die Kirche selbst besitzt im Inneren einen reichen Barockschmuck aus dem 17. Jh. sowie eine berühmte Barockorgel.

UMGEBUNG
Das auf einem Tuffsteinfelsen gelegene Städtchen **Varages** (21 km nördl.) ist für seine über 300 Jahre alte Keramik-(Fayence-)Tradition bekannt. Sehenswert ist das Keramikmuseum (Rue Molière, Tel. 04 94 77 60 39, www.musee-faience-varages.fr; Febr.–Dez. Mi.–So. 14.00 bis 17.00, Juli, Aug. auch Di. nachmittags und So. 10.00–12.00 und 15.00–19.00 Uhr).
Claudia Girard bietet ihren Gästen neben Fayencemalereikursen auch Themenaufenthalte rund um das bekannte Varager Olivenöl an. Im Spätherbst kann man bei der Ernte helfen, eine Mühle besuchen und dort Köstlichkeiten aus Olivenöl probieren (Au Bois de Lune, Tel. 04 94 77 82 58, www.au-bois-de-lune.com).

INFORMATION
Office de Tourisme de Saint-Maximin,
Place Jean Salusse (Couvent Royal),
83470 Saint-Maximin,
Tel. 04 94 59 84 59, www.st-maximin.fr

Genießen Erleben Erfahren

DuMont Aktiv

Genuss auf Provenzalisch

Auf der Domaine Le Peyrourier bietet das deutsch-französische Paar Martina und Claude Fussler neben Reitkursen, Kräuterwanderungen, Workshops in Gartengestaltung und „Energiearbeit“ auch Motorradtouren, Mal-, Feldenkrais- oder Qigong-Kurse an. Und provenzalische Kochkurse.

Schon beim Lesen bekommt man Lust auf mehr: „Gemüsecocktail & Frühlingssalat, Lammkeule, Gemüse mit Ziegenkäse ...“ steht auf Deutsch und Französisch im Plan des Gästeessens des Domaine. Um den Holztisch in der Küche haben sich drei erwartungsvolle „Lehrlinge“ und Christine-Marie versammelt. Die Köchin erklärt den Speiseplan, erzählt die Geschichte der provenzalischen Leckereien, Hausherrin Martina übersetzt.

An die Arbeit! Nach gut einer Stunde schmort die Lammkeule im Ofen, das Gemüse köchelt auf dem Herd. Pause für die Teilnehmer des Kochkurses. Beim anschließenden gemeinsamen Aperitif tauschen sich die angehenden Provence-Köche und -Köchinnen aus, praktische Tipps und Fachsimpelei inklusive. Anschließend wird serviert und gemeinsam auf der großen Terrasse diniert. Ein Leben wie Gott in Frankreich.

Weitere Informationen

Der Hof: Obst und Gemüse aus dem eigenen Biogarten, Strom von der Solaranlage auf dem Scheunendach. Daneben stehen individuell eingerichtete Gästezimmer und Ferienwohnungen zur Verfügung.

Für Kinder:
Esel, Ponys, Pferde und Hühner.

Kreativ entspannen:
Neben Kochkursen bietet Provence4U Mal- und Töpferwerkstätte, Massagen und Qigong.

Kontakt:
Domaine Le Peyrourier, Route de Bras, 83149 Bras, Tel. 04 98 05 10 20, www.provence4u.com

Umsäumt von Feldern und Wiesen liegt am Rande des Dörfchens Bras unweit von Saint-Maximin-la-Sainte-Baume die Domaine Le Peyrourier.

Zu neuen Ufern

Das Fischerdorf Cassis kuschelt sich in den Schatten seiner Felsenfestung, im Rücken die spektakulären Felsbuchten der Calanques und vor sich das weite Meer: eine Sinfonie in Grün, Türkis, Weiß, Blau. Auch Marseille, die größte Stadt der Region, profitiert vom Meer: Der Hafen zählt zu den wichtigsten in ganz Frankreich. Jenseits von Tankern und Jachten entfaltet die Metropole in und um die Altstadt südfranzösisch-urbanes Flair.

Im einstigen Fischerdorf Cassis hat man die Autos aus dem Hafen und einigen Seitenstraßen verbannt. Hier kann man nun die Ruhe genießen.

Vier Ansichten von Cassis: Majestätisch thront die Festung aus dem 12./14. Jahrhundert über der Altstadt. Am Wochenende gesellen sich zu den ausländischen Gästen auch die Erholungssuchenden aus Marseille. Von dort sind es nur 22 Kilometer bis Cassis.

An der Hafenmole in Sanary-sur-Mer schaukeln vor zahlreichen Cafés und Restaurants bunte Fischerboote im Wasser. Die *pointus* genannten traditionellen provenzalischen Boote hat der Bürgermeister mit einem Trick gerettet: Sie bekommen einen kostenlosen Liegeplatz, solange sie zumindest von außen im alten Zustand erhalten bleiben. Noch bekannter als der postkartenidyllische Hafen ist inzwischen die jüngere Geschichte des Städtchens, an die eine große Plakette am Office de Tourisme erinnert.

Zuflucht für Literaten

Viele deutsche Künstler und Schriftsteller fanden bis 1942 in Sanary-sur-Mer Zuflucht vor dem Nazi-Terror. Erika und Heinrich Mann, Lion Feuchtwanger, Ernst Toller, Bertolt Brecht, Alfred Kerr und andere lebten zeitweise in dem damaligen Fischerdorf am Mittelmeer. Bis zum Einmarsch der Wehrmacht im November 1942 unterstand der größte Teil Südfrankreichs dem Vichy-Regime. Die Verfolgung Andersdenkender und der Juden war hier anfangs weniger grausam als in den von deutschen Truppen besetzten Gebieten Europas. In Sanary erzählt ein ausgeschilderter Erinnerungsweg die Geschichte des Exils.

Heimat des Boule-Spiels

Der Tourismus hat La Ciotat bisher weniger verändert als die anderen Städtchen an der westlichen Côte d'Azur. Einst lebte der Ort vor allem von seinen Werften, von denen nur noch eine existiert. In der Altstadt gibt es noch zahlreiche von Einheimischen geführte Läden, autofreie Gassen und provenzalisches Flair. Auf dem Boule-Platz neben dem Friedhof am Rande der Altstadt entstand um 1908 das heute so beliebte Pétanque-Spiel als Abwandlung des bis dahin verbreiteten Boule Lyonnaise. Weil sein Rheumatismus ihm zu schaffen machte, schlug einer der Männer auf dem Platz vor, eine Partie Boule ohne Anlauf zu spielen – *pés tanqués,* mit geschlossenen Beinen.

Marseille ist nach Paris die zweitgrößte Stadt Frankreichs und ein wichtiger Wirtschaftsstandort. Geschäftsleute, Büroangestellte und Touristen nutzen gleichermaßen das meist gute Wetter für einen Restaurantbesuch im Freien.

Der einstige Prachtboulevard Canebière erholt sich langsam. Ramschläden weichen schicken Geschäften (oben). Gründerzeitbauten säumen die Rue de la République, die im 19. Jahrhundert nach Pariser Vorbild ausgebaut wurde (rechts).

Nach diesem Anblick dürfte sich schon so mancher Seemann fern der Heimat gesehnt haben: der Alte Hafen von Marseille mit dem alles überragenden Wahrzeichen der Stadt, der Kirche Notre-Dame-de-la-Garde.

Zeitgenossen

Special

Der Laden der Gedichte

In einer Seitenstraße nicht weit vom Hafen von Cassis führt Christian Doux einen Laden für Worte. Der Poet liefert Poesie auf Bestellung, speziell gedichtet, handgeschrieben und gerahmt.

Le Poète Chris, Dichter Chris, nennt sich der braun gebrannte, gut gelaunte Mittfünfziger, der in seinem winzigen Laden am Schreibtisch sitzt. Die Wände hängen voll mit gerahmtem Papier: handgeschriebene Gedichte. „Die fallen mir ein, wenn ich etwas sehe oder höre, was mich bewegt“, sagt der Poet. Seine Inspiration bezieht er seit bald dreißig Jahren aus der Politik, den Nachrichten, dem Alltag oder auch den Geschichten, die ihm Menschen erzählen.

Auf Bestellung verfasst Christian Doux Gedichte zu Hochzeiten, Familienfeiern, Jubiläen und anderen Gelegenheiten, denn „wer ein Gedicht verschenkt, verschenkt sein Herz mit Worten.“ So schreibt er über Ereignisse wie den Tsunami in Japan, gratuliert in Reimen zum Geburtstag, nimmt Anteil an der Trauer über den Tod eines Freundes oder formuliert eine Einladung. Die Ideen gehen dem Wortwerker nicht aus. Mehr als 4300 Reime hat er schon geschrieben – erst ganz stilvoll mit der Hand, dann tippt er sie in den Computer ein. Fit hält sich der Dichter mit einem täglichen Bad im Meer – bei jedem Wetter, wie er versichert.

Ein Poet bei der Arbeit

Der Rheumageplagte, der die Kugeln nun aus dem Stand werfen konnte, war nicht mehr zum Zuschauen verdammt, und die heute verbreitete gemütliche Version des Boule-Spiels war geboren. Das Getränk für die gemütliche Runde danach kommt aus der großen Nachbarstadt Marseille. In den 1930er-Jahren begann der Abfüller Ricard mit der Produktion des Pastis, eines Anisschnapses, der mit viel Wasser verdünnt wird.

Stadt aus 111 Dörfern

„Marseille ist eigentlich keine Stadt, sondern besteht aus 111 Dörfern“, erzählt Stadtführerin Josiane Bercier. Die Leute leben in insgesamt 111 Stadtvierteln, die unterschiedlicher kaum sein könnten: Da sind die grauen Hochhaussiedlungen, in denen sich die sozialen Probleme ballen, Mord und Totschlag inklusive; die reiche, teure Corniche mit ihren Villen auf Felsvorsprüngen über dem smaragdgrün leuchtenden Meer; die In-Viertel an der Rive-Neuve am Ostufer des Alten Hafens, die Belsunce mit ihrem arabischen Bazar und die immer mehr auf schick und teuer getrimmte Innenstadt.

Begeistert zeigt Stadtführerin Josiane die in die Jahre gekommene einstige Prachtstraße Canebière zwischen der oberen Innenstadt und dem Alten Hafen (Vieux Port), auf der immer mehr Bau-

Etwa jeder fünfte Einwohner Marseilles stammt aus Nordafrika. Das Völkergemisch prägt das Stadtbild.

Die der Hagia Sophia nachempfundene Kathedrale in Marseille trägt eine beeindruckend reiche Ausstattung im Innern.

Das Viertel Le Panier („der Korb“), das nördlich an den Alten Hafen anschließt, ist der älteste Stadtteil Marseilles.

Notre-Dame-de-la-Garde: neobyzantinischer Kirchenbau mit markanter Fassade

ten aus der Haussmann-Zeit (19. Jahrhundert) renoviert werden. Sie führt zum Alten Hafen und ins neue Marseille gleich hinter dem Panier.

Das Inselchen in der Metropole

Marseilles Keimzelle Le Panier (Korb) über dem Alten Hafen ist schick geworden. Die alten Häuschen haben einen neuen Anstrich bekommen. Viele Fensterläden leuchten in frischem Blau, Rot oder Grün. Eine Fußgänger-Fähre verbindet die beiden Seiten des Alten Hafens. Der Panier ist einer der ältesten Stadtteile Europas: Auf dem Hügel am Hafen wurde Marseille vor mehr als 2600 Jahren gegründet.

Valérie, die einen Töpferladen betreibt, liebt den Panier. „Die Steine“, sagt sie, „sind voller Energie.“ Immerhin liegen manche schon Tausende Jahre hier. Auf den engen Straßen fahren kaum Autos, es gibt keine Hochhäuser. „Menschlich, überschaubar“, nennt Valérie den Stadtteil, „wie eine kleine Insel.“ Auf den engen Straßen, durch die höchstens ein Kleinwagen passt, spielen die Kinder Fußball. Am Sonntag trifft man sich draußen zum Grillen. „Jeder bringt was mit, und dann feiern wir hier zusammen, jeden Sonntag, wenn das Wetter mitmacht.“ Die Einnahmen gehen an den Verein „Kinder, Eltern, Institutionen“, der sich um Jugendliche und Familien in Schwierigkeiten kümmert. „Praktizierte Solidarität“ nennt Zéphora, die Vorsitzende, den Alltag.

Größte Stadt Nordafrikas

Jeder fünfte Marseiller stammt aus Nordafrika. In den Seitenstraßen rund um die Porte d'Aix ist über Jahrzehnte die größte Stadt Nordafrikas auf europäischem Boden gewachsen – ein riesiger arabischer Basar mit komplett eigener Infrastruktur für die Einwanderer. Metzger und Lebensmittelgeschäfte bieten Halal – nach islamischen Regeln zubereitete Speisen – in allen Varianten an. Stände mit Brautmoden, Kopftüchern und knallbunter Kleidung versetzen die Besucher in den Orient. Wie Raumschiffe durchziehen die gläsernen Straßenbahnwagen diese Welt, die doch eine untergehende ist: US-amerikanische Pensionsfonds haben zum Beispiel in der prächtigen Rue de la République mit ihren Haussmann-Fassaden viele Gebäude gekauft, die Wohnungen saniert und die Mieten um bis zu 300 Prozent erhöht. Am Alten Hafen (Nordseite) hat die US-Hotelkette Intercontinental das ehemalige Krankenhaus für mehr als 100 Millionen Euro zum 5-Sterne-Hotel, dem Hôtel Dieu, umgebaut.

Auf den ersten Blick scheint sich der Alltag deswegen nicht zu verändern. Schon im Januar drängen Anwohner und Touristen mittags auf die Terrassen der Straßencafés. Die Sonne flutet die Stadt mit ihrem im Winter goldgelben Licht, als hätte sie mehr als genug davon.

Die Augen der heiligen Lucia

Eine Fischerin verkauft im Alten Hafen spiegelglatte, orange-weiß marmorierte „Steine“ aus dem Meer. „Augen der heiligen Lucia“ werden die Verschlussdeckel aus Kalk genannt, mit denen sich Turbanschnecken gegen Feinde schützen. Wer sich so einen Glücksbringer in den Geldbeutel lege, habe immer genug zum Leben, so erklärt die alte Frau die Bedeutung, die seit Jahrhunderten unter Marseiller Fischern überliefert ist.

Marseilles Keimzelle, der Panier, ist schick geworden.

Die interessantesten Projekte

Bereit für die Zukunft!

Frankreichs Planer und Politiker klotzen gerne. Nicht nur Städte wie Toulon, Marseille oder Nizza erfinden sich neu. Unser Ranking verrät die fünf interessantesten Projekte und Initiativen, die zum Teil schon in Umsetzung begriffen sind. Vor allem Architekturbegeisterte bekommen hier einiges Spektakuläre zu sehen!

1 Nizzas Großprojekte

Ecovallée nennt sich das Großprojekt am Flughafen in Nizza und versteht sich als Programm, das im Sinne der Nachhaltigkeit vorangetrieben wird. Eine Dauer von 30 Jahren ist für die Durchführung des ambitionierten Projekts angedacht. Entlang des Flüsschens Var entstehen auf 10 000 Hektar 4400 Wohnungen, Büro- und Gewerbegebiete, ein Kongresszentrum, Hotels und, so zumindest die Planer, 50 000 neue Jobs: Die Stadt der Zukunft mit Energiesparbauten, zwei neuen Tramlinien (2018, 2020), Straßenbahnanschluss und 40 000 m² für den ersten Laden einer schwedischen Möbelhauskette an der Côte. Das neue Stadion Allianz Riviera ist fertig, der Flughafenumbau ist abgeschlossen.

www.ecovallee-plainedu var.fr

2 Sophie-Antipolis bei Antibes

Zwischen Vallauris und Valbonne, somit in der Region nordwestlich von Antibes, haben die 16 angrenzenden Gemeinden einen der größten Wissenschafts- und Technologieparks Europas angelegt, den „première technopole d'Europe". Er wurde teils auch als „Silicon Valley Europas" bezeichnet. Neben zahlreichen Forschungseinrichtungen und der Universität Nice Sophia-Antipolis haben sich hier nun mehr als 1400 Unternehmen vor allem aus der Hightechbranche und Telekommunikation angesiedelt und sind Arbeitgeber von Zehntausenden von Beschäftigten. Es sind dabei vor allem Firmen aus der Spitzentechnologie zu finden, aus den Bereichen Chemie, Biotechnologie, Informatik, Energie und Telekommunikation. Über 2300 ha erstreckt sich das Gebiet, davon sind laut Angaben der Betreiber ca. zwei Drittel Grünfläche.

Die Stiftung, die den Park betreibt, unterstützt mit besonderen Programmen Projekte auf der europäischen Ebene. Darüber hinaus organisiert sie zahlreiche Kultur- und Wirtschaftsveranstaltungen, darunter Lesungen und Konzerte, Vorträge und Netzwerkabende, auch für Unternehmensgründer.

Erreichbar über D 35/103, 8 km nordwestlich von Antibes gelegen; www.sophia-antipolis.org

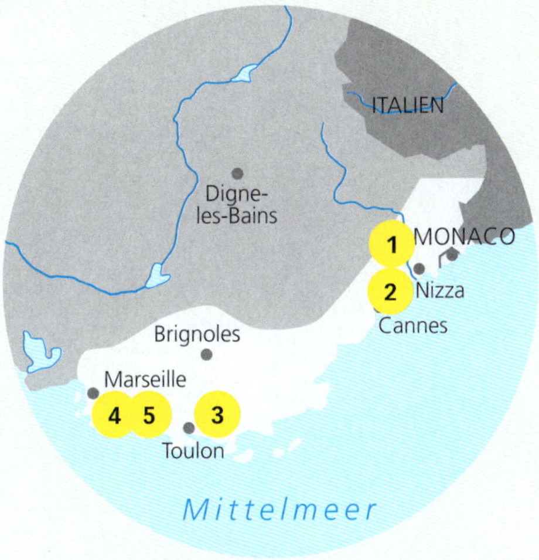

3 Die neue Altstadt in Toulon

Toulon war nach dem Zweiten Weltkrieg zu 47 Prozent zerstört. Alliierte Bomber hatten das von den Deutschen besetzte Hafengebiet in Schutt und Asche gelegt. Ende der 1940er-Jahre begann der Wiederaufbau in Beton und Glas. Die Altstadt Basse Ville hatte den Krieg fast unbeschadet überstanden. Lange wohnten in den heruntergekommenen Bauten aber nur die, die sich nichts anderes leisten konnten. Inzwischen ist die Altstadt fast fertig saniert. Schickes, neues Pflaster, Pömpel und Stadtmöbel, wie man sie überall findet. 2015 präsentierte Christophe Jatareu-Conte, ein ansässiger Architekt, seine Vision einer schwimmenden Insel in der Rade von Toulon mit Aquarium und Unterwasserhotel. Ob das Projekt je realisiert wird, ist fraglich. In trockenen Tüchern ist indes das „Toulon Grand Projet Rade" mit Vorhaben an den Ufern der weiten Bucht, darunter sind der Uni-Campus und mehrere Verkehrsprojekte.

https://tpm-agglo.fr

4 Kontraste in Marseille

Hypermoderne Architektur, Kultur in einstigen Industriebauten, Afrika in Europa und Natur in der Stadt: Die Vielfalt Marseilles entdeckt man am besten mit den Einheimischen. Im touristisch unerschlossenen Marseiller Norden bietet die Nachbarschaftskooperative Hôtel du Nord Privatquartiere und geführte Wanderungen (engl., frz.).

Hôtel du Nord, CRISA – Maison du Citoyen, 11, Bd. Jean Labro, Marseille, http://hoteldunord.coop

5 Größer, schneller, weiter, teurer in Marseille

Für rund sieben Milliarden Euro haben Staat und Stadt das alte Marseille umgekrempelt. Unter dem Titel Euroméditerranée sind nördlich des Stadtteils Panier Museen, Bürotürme und Wohnungen entstanden, darunter das MuCEM und das Kulturzentrum Villa Méditerranée. In den Innenhöfen von restaurierten Docks, Lagerhallen und Fabrikgebäuden servieren teure Boutique-Restaurants moderne, leichte Küche. Darüber liegen hinter roten Backsteinfassaden die Büros junger Hightech- und Handelsunternehmen. Aus einem der größten Kornspeicher Europas, dem Silo, wurde ein Konzertsaal mit Kultur- und Veranstaltungszentrum. Bis hoch zum Bahnhof Saint-Charles ist eine neue Stadt entstanden. Und die Mieten steigen …

http://lesdocks-marseille.fr
www.euromediterranee.fr

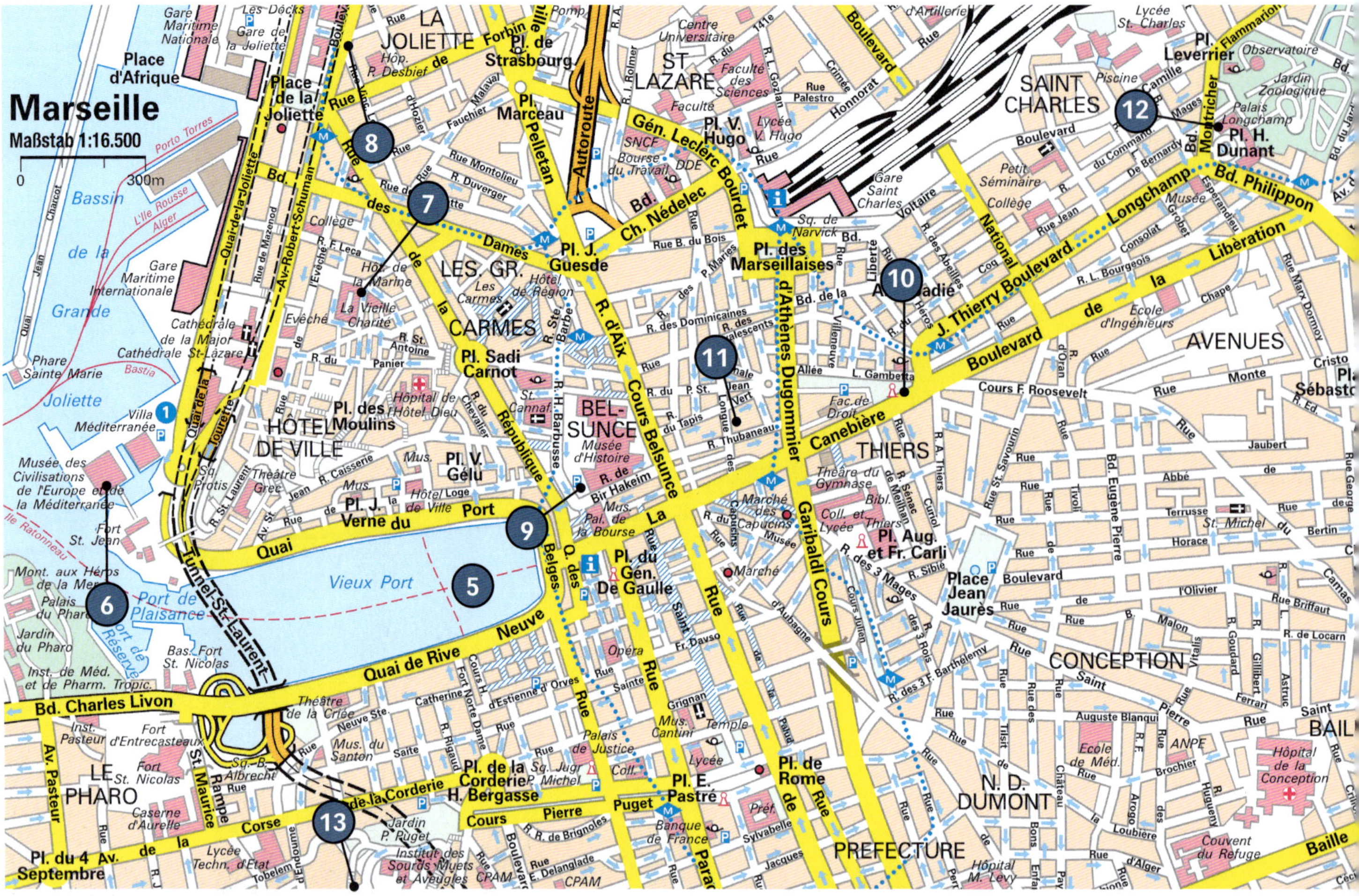
Marseille
Maßstab 1:16.500
0
300m
Bassin de la Grande Joliette
Place d'Afrique
LA JOLIETTE
Place de la Joliette
ST LAZARE
SAINT CHARLES
LES GR. CARMES
BELSUNCE
HOTEL DE VILLE
THIERS
AVENUES
CONCEPTION
N. D. DUMONT
PREFECTURE
LE PHARO
Vieux Port
Port de Plaisance
Quai de Rive Neuve
Quai du Port
Bd. Charles Livon
La Canebière
Cours Belsunce
Bd. de la Libération
Bd. Longchamp
Bd. Philippon
Pl. J. Guesde
Pl. des Marseillaises
Pl. du Gén. De Gaulle
Pl. de Rome
Pl. E. Pastré
Pl. Jean Jaurès
Pl. Sadi Carnot
Gare Saint Charles
Gare Maritime Internationale
Cathédrale de la Major
Musée des Civilisations de l'Europe et de la Méditerranée
Fort St. Jean
Fort St. Nicolas
Palais du Pharo
Tunnel St-Laurent
1
2
3
4
5
6
7
8
9
10
11
12
13

MARIGNANE
Chaîne de l'Estaque
Chaîne de l'Etoile
Massif de la Sainte-Baume
MARSEILLE
(Grec: Massilia)
Île Ratonneau
Île Pomègues
AUBAGNE
Cassis
les Calanques
LA CIOTAT
Parc National des Calanques
Bandol
Sanary sur-Mer
SIX-FOURS-LES PLAGES
Île des Embiez
Île de Riou
Île Maire
Île de Planier
Île de Jarre
Île Calseraigne
Cap Croisette
Cap Canaille
Île Verte
Wahrân (Oran)
Al-Jazâ'ir (Alger)
Bejaïa
Skikda, Annaba
Tunis
Porto Torres
Porto-Vecchio
Propriano
Ajaccio
Bastia, L'Île Rousse
Maßstab 1:300.000
0
3
6km
1
2
3
4

Naturwunder und Multikulti

Die Seele der Provence ist hier zu Hause. Wer auf der Route des Crêtes über den Ausflugsort Cassis nach Marseille fährt, erlebt dort Westeuropas buntesten Schmelztiegel der Kulturen. Einst schmutzig und gefährlich, ist die Europäische Kulturhauptstadt des Jahres 2013 derzeit im Umbruch.

1 Sanary-sur-Mer

Viele deutsche und österreichische Künstler und Schriftsteller flüchteten in den 1930er- und 1940er-Jahren vor den Nationalsozialisten nach Sanary-sur-Mer (17 700 Einw.). Ein ausgeschilderter Rundgang „Lebensorte exilierter Intellektueller" erinnert an ihre Geschichte (Infos über www.sanary-tourisme.com, Link „Sanary comptoir culturel/Sanary terre d'exil").

SEHENSWERT

Zwei Kirchen schmücken das Städtchen: die im 16. Jh. erbaute Kapelle **Notre-Dame-de-Pitié** auf einem Hügel am Westrand der Stadt und die neugotische Kirche **Saint-Nazaire**, die den ursprünglichen Namen von Sanary trägt. Den Hafen überragt der **„Römische Turm"**, ein mittelalterlicher Wehr- und Aussichtsturm.

HOTEL

Im pastellgelb gestrichenen € € **Hôtel de la Tour** (24, Quai Général-de-Gaulle, Tel. 04 94 74 10 10, www.sanary-hoteldelatour.com) stiegen in den 1930er-Jahren die deutschen Flüchtlinge ab, die es sich leisten konnten.

UMGEBUNG

Das Städtchen **Bandol** (6 km westl.) ist Zentrum des gleichnamigen AOC-zertifizierten Weinbaugebiets. In der Maison des Vins (Place Lucien Artaud, www.maisondesvins-bandol.com) kann man den Wein auch probieren. Am 1. So. im Dez. feiert das Städtchen seinen Wein mit der Fête du Millésime des Vins de Bandol (www.vinsdebandol.com). **Saint-Cyr-sur-Mer** hat vier Wanderwege markiert, die an der Küste entlang, in die Weinberge hinein, zu einer alten Bastide und zu ehemaligen Verteidigungsanlagen führen (www.saintcyrsurmer.com/voir-faire/sentiers-de-randonnees). Ruhe findet man in den Pinienwäldern der autofreien **Île des Embiez** mit ihren Felsbuchten, Weinbergen, Rad- und Wanderwegen (Fähren ab Hafen Le Brusc, im Sommer auch ab Six-Fours-les-Plages; www.lesilespaulricard.com). Auf der Insel **Bendor** vor Bandol dokumentiert das Pastis-Museum die Geschichte des Anisschnapses (www.lesilespaulricard.com/activite/musee-des-vins-et-spiritueux).

Stimmungsvoller Blick auf die Häfen von Marseille und Sanary-sur-Mer. Belebte Einkaufsgasse in Bandol in Hafennähe.

INFORMATION

Office de Tourisme, 1, Quai du Levant, 83110 Sanary-sur-Mer, Tel. 04 94 74 01 04, www.sanarysurmer.com

2 La Ciotat

Nach der Schließung der großen Werft lebt das bei Einheimischen als Wohnort beliebte Städtchen (35 000 Einw.) vor allem von Touristen.

SEHENSWERT

In der kleinen **Altstadt** über dem Hafen gibt es noch einheimische Kneipen und Cafés, allein vier davon finden sich um den Springbrunnen der **Place Sadi Carnot,** einem der hübschesten kleinen Plätze an der ganzen Côte d'Azur. 1895 zeigten die als Erfinder der bewegten Bilder bekannten Brüder Lumière im **Eden Théâtre** (Bd. Georges Clemenceau, www.edentheatre.org) den ersten Film. Gedreht hatten sie die Einfahrt eines Zuges in den Bahnhof von La Ciotat. Der Saal des nach eigenen Angaben ältesten Kinos der Welt ist wieder geöffnet. Das ehem. Rathaus beherbergt das **Stadtmuseum** (1, Quai Ganteaume, www.museeciotaden.org; Mi.–Mo. 15.00/16.00–18.00 Uhr).

VERANSTALTUNG

Jedes Jahr am 3. Okt.-Wochenende erinnert ein großes **Historienspektakel** mit alten Schiffen und rund 2000 Kostümierten an die mutigen Frauen von La Ciotat. Eine Pestepidemie hatte 1720 alle Häfen der Region lahmgelegt. Die Legende erzählt, dass einige Frauen in La Ciotat Boote mit Pestkranken an Bord daran hinderten, in den Hafen der Stadt einzulaufen. Er blieb als einziger pestfrei. So konnte die Provence vor einer Hungersnot bewahrt werden.

RESTAURANT

Überregional bekannt ist das € / € € **Kitch and Cook** mit frz. und asiatischer Küche (4, Place Esquiros, www.kitchandcook.com).

UMGEBUNG
Die **Île Verte** vor der Stadt steht unter Naturschutz. Außer dem Fähranleger und einem kleinen Lokal gibt es nur Wald und Felsen.

INFORMATION
Office de Tourisme, Bd. Anatole France, 13720 La Ciotat, Tel. 04 42 08 61 32, www.laciotat.info

3 Cassis

Das ehemalige Fischerdorf (7300 Einw.) erinnert mit Galerien, Souvenirläden und Restaurants eher an ein Freilichtmuseum. Vor allem am Wochenende drängeln sich hier Touristen.

SEHENSWERT
Fast alle Läden in der **Altstadt** sind tgl. geöffnet. Sehenswert sind die Landschafts- und Stadtbilder des Fotografen Grégory Scicluna in der **Galerie Couleur Cassis** (15, Rue Adolphe Thiers, Tel. 04 42 01 35 43). Von Cassis aus starten Schiffe in die **Calanques** TOPZIEL (s. Aktiv S. 115).

ERLEBEN
Tauchkurse und Unterwasserausflüge in die Grotten und zu den Felseninseln vor der Stadt bietet das Tauchzentrum Cassis Calanques (3, Rue Michel Arnaud, Mobil 06 71 52 60 20, www.cassis-calanques-plongee.com). Zwischen Cassis und La Ciotat schlängelt sich die ausgeschilderte **Route des Crêtes** über die Berge, die hier steil zum Meer hin abfallen. Das Office de Tourisme bietet (auch auf Engl.) **geführte Touren** zum Thema Film und Stars, **E-Bike-Ausflüge** in die Weinberge und Fahrten in die Calanques an. Führungen gibt es auch in der **Clos Ste-Magdeleine** (Ave. du Revestel, www.clossaintemagdeleine.fr), einem der wenigen Weingüter am Meer.

> Tipp
>
> ### Auf Schusters Rappen
>
> Der ausgebildete Berg- und Wanderführer Franck Rotger bietet von Saint-Cyr-sur-Mer aus geführte Wanderungen in die Umgebung an sowie von Okt. bis Juni 1,5-stündige Einführungen ins Nordic-Walking. Im Juli und Aug. gibt es die *balades gourmandes* (Leckereien-Spaziergänge) zu den Herstellern von Spezialitäten der Region, inkl. Verkostung.
>
> Club Lou Daïri, F. Rotger, Mobil 06 87 75 72 71, www.loudairi.com

HOTEL
Die Gäste des **€ / € € Château des Creissauds** (Clos Rufisque, Aubagne, an der N 8 zwischen Cassis und Marseille, http://chateau creissauds.com) wohnen in gut ausgestatteten Baumhäusern mit WC und Dusche.

Die Blicke von der Route des Crêtes sind spektakulär. Marseilles Innenstadt hat schöne Gründerzeitfassaden und Cafés.

RESTAURANTS
Kleine Leckereien und Weine serviert **€ Le Chai Cassidain** (6, Rue Séverin Leard, www.le-chai-cassidain.com). In der **€ Weinbar Divino** (3, Rue Alexandre Rossat, Tel. 04 42 98 83 68) kann man den Cassis-Wein in verschiedenen Varianten probieren. Auf frischen Fisch hat sich **€ / € € La Poissonnerie** im Hafen (Tel. 04 42 01 71 56) spezialisiert.

INFORMATION
Office de Tourisme, Quai des Moulins, 13260 Cassis, www.ot-cassis.com

4 Marseille

Als Europäische Kulturhauptstadt 2013, Sporthauptstadt 2017 und Austragungsort bei den Olympischen Spielen 2024 hat sich Frankreichs zweitgrößte Stadt (860 000 Einw., Region: rd. 1,8 Mio.) herausgeputzt. Normalsterbliche können sich Wohnungen im neuen Zentrum kaum leisten, viele ziehen in die meist tristen Vorstädte. Hinter der hohen Kriminalität steckt oft blanke Not. Vor allem Jugendliche aus Einwandererfamilien finden kaum Arbeit. Noch immer ist Marseille Frankreichs ärmste Großstadt.

SEHENSWERT
Über dem 5 **Alten Hafen** hat die Stadt das ehem. Armen- und Krankenhaus 7 **Vieille Charité** (17. Jh.; www.vieille-charite-marseille.org) zum Kulturzentrum umgebaut; hier hat auch das Archäologische Museum seinen Sitz. Hauptschlagader der Innenstadt ist die 10 **Canebière.** Hoch über der Stadt thront auf einem 147 m hohen Kalksteinfelsen die neobyzantinische Kirche 13 **Notre-Dame-de-la-Garde** TOPZIEL aus dem 19. Jh. Schon der Aussicht wegen lohnt der Aufstieg. Im 1862 bis 1869 erbauten 12 **Palais Longchamp** zeigen das Musée des Beaux-Arts und das Musée d'Historie Naturelle ihre Schätze. Als Teil des rund 7 Mrd. Euro teuren Projekts **Euroméditerranée** ist ein neuer Stadtteil entstanden mit Büro- und Wohnhäusern, dem Kulturzentrum **Villa Méditerranée** (www.villa-mediterranee.org), dem zum Konzertsaal umgestalteten ehem. Kornspeicher SILO (www.silo-marseille.fr) und dem Museum **Regards de Provence** (www.museeregardsdeprovence.com). Im Süden befindet sich die **Cité Radieuse** (1947–1952; www.marseille-citeradieuse.org) von dem Architekten Le Corbusier: eine ganze Stadt in einem 165 m langen, 24 m breiten und 56 m hohen Betonbau. Die renovierten Wohnungen sind wieder gefragt. In die ehemalige Tabakfabrik **La Belle de Mai** sind mehr als 70 Kunstateliers, Ausstellungsräume, ein Restaurant, ein Skaterpark und mehr eingezogen (41, Rue Jobin, www.lafriche.org). Die **alternative Szene** findet sich im Viertel La Plaine um den Cours Julien zusammen. In Richtung Alter Hafen befindet sich das Viertel **Noailles** (S. 81). Der **„Rote Faden der Geschichte"** *(fil rouge de l'histoire)* verbindet als rote Markierung im Straßenpflaster die Sehenswürdigkeiten der Altstadt (Führer dazu im Office de Tourisme).

MUSEEN
Das Museum der europäischen und mediterranen Kulturen 6 **MuCEM** präsentiert u. a. in einem teilweise über und in das Meer gebauten Würfel Kunst, Geschichte und Kultur der Völker rund um das Mittelmeer (7, Prom. Robert Laffont, www.mucem.org; Mi.–Mo. 11.00–18.00, im Sommer bis 19.00 Uhr). Das 11 **Mémorial de la Marseillaise** (23, Rue Thubaneau; Juni bis Mitte Sept. tgl. 10.00–19.00, sonst Di.–So. 10.00–12.00, 14.00–18.00 Uhr, im Winter nur nachmittags) ist der Nationalhymne La Marseillaise gewidmet. Der 8 **FRAC – Fonds Régional d'Art Contemporain** zeigt in seinem Museum moderne Kunst (20, Bd. de Dunkerque, www.fracpaca.org; Di.–Sa. 12.00–19.00 Uhr). Das 9 **Musée d'Histoire de Marseille** (2, Rue Henri-Barbusse, http://musee-histoire-de-marseille.marseille.fr; Di.–So. 10.00 bis 18.00 Uhr) zeigt 2600 Jahre Stadtgeschichte und die weltgrößte Flotte antiker Schiffe und Boote.

ERLEBEN
Mehrere Reedereien bieten im Alten Hafen Bootsausflüge in die **Calanques-Buchten** an. Das Office de Tourisme hat rund 30 verschiedene **Themenstadtrundgänge** im Programm. **Thematische Spaziergänge** etc. bietet auf Deutsch: CapCult (7, Square Protis, www.capcult.org/de/). WAAW (What an Amazing World) ist eine Internetplattform mit Veranstaltungskalender und **Treffpunkt** im Café-Restaurant WAAW (17, Rue Pastoret, www.waaw.fr).

HOTELS
Freundlich, nicht gerade leise, aber direkt am Alten Hafen: das **€ Hermès** (2, Rue Bonneterie, www.hotelmarseille.com/hermes). Im Panier liegt das kleine Gästehaus **€ / € € Au Vieux Panier** (13, Rue du Panier, www.auvieuxpanier.com). Das **€ / € € Mama Shelter** (64, Rue de la Loubière, www.mamashelter.com) ist modern bis zum iMac auf dem Zimmer. Hip ist das **€ € € Hôtel 96** (96, Ave. de la Soude, www.hotel96.com) an den Calanques (20 Automin.).

RESTAURANTS
Eingewanderte Korsen haben Restaurants eröffnet. Eines davon: die Holzofenpizzeria **€ € Le Monticelli** (34, Bd. Emile Sicard, Tel. 04 91 29 39 60; reservieren!). „Alles hausgemacht", verspricht das **€ € L'Effet Clochette** (2, Place des Augustines, Mobil 06 20 93 00 24).

AUSGEHEN
Die **Bar des 13 Coins** (45, Rue Sainte-Françoise, www.lebardes13coins.fr) im Panier ist *die* Kneipe des alten Viertels; die Bar **Café de l'Abbaye** (3, Rue d'Endoume) bietet einen Blick über den Alten Hafen und die Festungen.

UMGEBUNG
Direkt am Südrand der Stadt (per Linienbus erreichbar) stürzen die Kalksteinfelsen der **Calanques** (www.calanques-parcnational.fr), Frankreichs zehnter Nationalpark, fast senkrecht ins türkisblaue Meer. Die Navettes Maritimes, Wasserbusse, verbinden von April bis September den Alten Hafen von Marseille mit Pointe Rouge im Westen an den Calanques und L'Estaque im Osten.
„Bildung ist die schärfste Waffe für eine bessere Welt" – mit diesem Zitat von Nelson Mandela wirbt die Gedenkstätte **Camp des Milles** (30 km nördl.; 40, Chemin de la Badesse, Aix-en-Provence, www.campdesmilles.org; tgl. 10.00–19.00 Uhr). Das Vichy-Regime und später die deutschen Besatzer sperrten mehr als 10 000 Menschen in die ehemalige Ziegelei. In den 1930er-Jahren internierte Frankreich in Les Milles Deutsche und Österreicher, die vor den Nazis nach Südfrankreich geflohen waren. Als bürgerliches Gegenstück zu Marseille lockt **Aix-en-Provence** (32 km nördl.) mit Stadtpalästen, Brunnen und Platanenalleen.

INFORMATION
Office de Tourisme,
11, La Canebière, 13001 Marseille,
Tel 08 26 50 05 00 (nur innerhalb Frankr.),
www.marseille-tourisme.com

Genießen Erleben Erfahren

DuMont Aktiv

Die Calanques per Kajak

Auf zwanzig Kilometer

Länge ziehen sich die Calanques an der Küste zwischen Marseille und Cassis entlang: weiße Kalksteinfelsen vor blauem Meer. Die bizarren Felsbuchten, Wassertunnel und schwer zugänglichen Fjorde entdeckt man am besten vom Wasser aus, zumal die Wege im Sommer wegen Waldbrandgefahr gesperrt sind. So bietet sich das Kajak wunderbar für einen Ausflug an.

Also, auf ins Boot! Schon das Einsteigen in ein Kajak verlangt Geschicklichkeit. Die schmalen Boote schaukeln heftig auf den Wellen. Eine unbedachte Bewegung, und das wackelige Boot kippt um. André, der mit fünf Novizen aufbricht, hilft beim Einsteigen und schiebt die Boote hinaus aufs Wasser. Die Spitze soll schräg gegen die Wellen gesteuert werden. Gar nicht so einfach – ein Paddelschlag, und das Boot dreht sich. Doch nach einer Weile haben die meisten Kajakneulinge den Bogen raus und pflügen durch die Wogen.

Am nahen Ufer ragen die weißen, von grünen Pinien gekrönten Kalksteinwände aus dem blau und türkis leuchtenden Meer. Je nach Beschaffenheit des Bodens schimmert das klare Wasser mal in der einen, wenige Meter weiter dann wieder in einer ganz anderen Farbe. In fast jeder der Buchten und Fjorde gibt es kleine Kieselsteinstrände für einen Landgang mit Badepause. In einigen wenigen haben Wirte ehemalige Fischerhütten, sogenannte *cabanons,* zu einfachen Bars, Kneipen oder Restaurants für eine Einkehr umgebaut, mancherorts existieren sogar Dörfer, die ganzjährig bewohnt werden.

Weitere Informationen

Verschiedene Anbieter, z. B. Raskas Kayak, organisieren **Kajaktouren**, auch mehrtägige oder Touren für Familien mit Kindern:

Raskas Kayak, Tel. 04 91 73 27 16,
www.raskas-kayak.com

Wer nicht selbst paddeln möchte, bucht eine **Schiffstour** in die Calanques:

Tel. 04 42 01 03 31,
www.lavisitedescalanques.com
oder: Tel. 04 91 58 50 58,
www.croisieres-marseille-calanques.com

Abendliche Ruhe in Nizza und Saint-Tropez; guter Fang am Hafen von Marseille.

Service

Anreise

Auto: Die schnellsten Verbindungen von Nord- und Westdeutschland sowie der Westschweiz an die Côte d'Azur führen durchs Rhônetal (Autoroute du Soleil) bzw. von Süd- und Ostdeutschland sowie Österreich durch die Schweiz oder via Brenner durch Norditalien. Die Autobahnen in Frankreich und Italien sind mautpflichtig; rechnen Sie rund 1 € für 10 km in der Hauptsaison, sonst 80–90 Ct. Preise und Routen: https://fr.mappy.com, für die Strecke Lyon–Nizza fallen ca. 45 €, für Marseille–Nizza ca. 20 € an.
Bahn: Von Brüssel braucht der direkte Schnellzug TGV (Train à Grande Vitesse) ca. 6 Std. nach Marseille, von Paris sind es mit dem TGV 3 Std. Von Marseille fährt man über Toulon, Les Arcs/Draguignan, Saint-Raphaël und Antibes nach Nizza weitere 2 Std. Über die Verbindungen informiert die Deutsche Bahn (www.bahn.de) sowie die französische SNCF (www.sncf.com).
Flug: Fast alle großen Fluggesellschaften verbinden Nizza (Flughafen Nice Côte d'Azur, www.nice.aeroport.fr) und Marseille (Flughafen Marseille Provence, www.marseille.aeroport.fr) mit den größeren Airports in Europa.
Bus: Fernbusse von Eurolines (www.eurolines.de) und Flixbus (www.flixbus.de) fahren, teils mit Umsteigen, aus dem deutschsprachigen Raum an die Côte d'Azur; innerhalb Frankreichs bedient auch Ouibus (https://fr.ouibus.com) die Strecke.

Auskunft

Überregional: In Deutschland, Österreich und der Schweiz vertritt **Atout France** (www.france.fr) die meisten französischen Regionen.
Deutschland: Postfach 10 01 28, 60001 Frankfurt/M., info.de@france.fr
Österreich: Tel. +43 (0)1 5 03 28 92, info.at@france.fr
Schweiz: info.ch@atout-france.fr
Regional:
Region Marseille: Bouches-du-Rhône Tourisme, 13, Rue Roux de Brignoles, 13006 Marseille, Tel. 04 91 13 84 13, www.myprovence.fr
Region Nizza: CRT Riviera Côte d'Azur, 455 Promenade des Anglais, 06011 Nice, Tel. 04 93 37 78 78, www.cotedazur-tourisme.com
Var: Var Tourisme, Agence de Développement Touristique, 1, Bd. de Strasbourg, 83000 Toulon, Tel. 04 94 18 59 60, www.visitvar.fr/de
Monaco: Monaco Tourismus- und Kongressbüro, Luisenstr. 4, 30159 Hannover, Tel. 05 11 89 98 90-41, www.visitmonaco.com/de

Autofahren

Benzin kostet in Frankreich meist etwas mehr als in Deutschland. Es gibt Diesel *(gazole)* sowie Normal (95 Octan), Super (98 Octan), an vielen Tankstellen auch Autogas (gpl oder LPG; Adressen unter http://stations.gpl.online.fr). Autobahnen sind **mautpflichtig.** Sie sind mit Notrufsäulen ausgestattet.
Tempolimit: Auf der Autobahn A 8 gilt in den Alpes-Maritimes wegen der hohen Verkehrsdichte durchgehend Tempo 110, im Var und den Bouches-du-Rhône sind 130 km/h erlaubt. Auf zahlreichen Streckenabschnitten (auch im Raum Toulon) darf man nur 90 km/h fahren (Schilder beachten!). Innerorts gilt Tempo 50 km/h, wenn nichts anderes ausgewiesen ist. Geschwindigkeitskontrollen werden auch auf den Autobahnen häufig durchgeführt.
Alkohol: Wer angetrunken Auto fährt, riskiert hohe Strafen ab 135 € und in schweren Fällen auch Gefängnis. Es gilt die 0,5-Promille-Grenze.
Parken: In der Innenstadt von Nizza schlägt ein Tag in einer Tiefgarage schnell mit 30 € zu Buche. Selbst die teuren Plätze sind vor allem im Sommer sehr knapp. Parkverbot gilt vor den meisten öffentlichen Gebäuden und an gelb oder blau markierten Randsteinen (auch ohne entsprechende Schilder!).

Essen und Trinken

Die ursprüngliche **provenzalische Küche** ist einfach, entstanden aus der Armut des kargen Berglands. An der Küste isst man viel Fisch, Gemüse und Kartoffeln. Olivenöl ist eine wichtige Grundlage der mediterranen Küche.
Folgende Spezialitäten sollte man probieren: **Socca** (ein Kichererbsenpfannkuchen, der auf bis zu einem Meter großen Pfannen im Fett gebacken wird), **Pissaladière** (mit Oliven, Sardellen, Zwiebeln u. a. überbackener Pizzateig), **Pan bagnat** (in Olivenöl „gebadetes" Weißbrot, gefüllt oder belegt mit Oliven, Tomaten, Frühlingszwiebeln), **Farcis** (durch den Wolf gedrehtes, mit Kräutern der Provence gewürztes Schweinefleisch, Gemüse oder Fisch, in Teig gewickelt oder auf Weißbrot serviert).
Marseille und Umgebung sind bekannt für die Fischsuppe **Bouillabaisse** – ursprünglich ein Arme-Leute-Gericht aus Fischresten, heute ein teures Vergnügen. Auch **Nudelgerichte** *(pâte)* gibt es in fast jedem Restaurant.
Süßes: Wahre Meister finden sich unter den Pâtissiers (Konditoren) und Zuckerbäckern. In Saint-Tropez und Umgebung bekommt man die echten **Tartes tropéziennes,** mit Orangenwasser parfümierte und mit Pudding gefüllte Brioches.
Wein: Die Départements Var und Bouches-du-Rhône zählen zu den wichtigsten Weinanbaugebieten Frankreichs. Die Weinbauern im Var keltern vor allem Rosé mit dem Label Côtes-de-Provence. Viele Lagen tragen die Auszeichnung AOC (Appellation d'Origine Contrôlée). Die wenigen an den Hängen rund um Nizza und auf der Insel Saint-Honorat angebauten Tropfen sind unter Kennern sehr gefragt.
Zu Einführungskursen in Weinkunde *(œnologie)* gibt www.oenosud.com einen Überblick.

Märkte offerieren in der ganzen Region frische Köstlichkeiten.

Bio: Mit einiger Verspätung hat der Bioboom auch Frankreich erreicht. Vor allem im Var sind inzwischen viele Winzer und Bauern auf biologischen Anbau umgestiegen. Größtes und bekanntestes Biosiegel in Frankreich ist das grün-weiße AB (Agriculture Biologique). Die Website www.bio-provence.org bietet zahlreiche Hintergrundinformationen und ermöglicht die Suche nach Bioprodukten.

Feiertage und Ferien

1. Januar: Neujahr
6. Januar: Heilige Drei Könige
Ostermontag
1. Mai: Tag der Arbeit
8. Mai: Kriegsende 1945
Christi Himmelfahrt
14. Juli: Nationalfeiertag
15. August: Maria Himmelfahrt
1. November: Allerheiligen
11. November: Waffenstillstand von 1918
25. Dezember: Weihnachten
In **Monaco** zusätzlich zu den oben genannten:
26./27. Januar: Fest der Schutzpatronin Sainte-Dévote
18./19. November: Nationalfeiertag
8. Dezember: Maria Empfängnis
Sommerferien: Juli und August

Gesundheit

Die **Europäische Krankenversicherungskarte** gilt auch in Frankreich. Zusätzlich empfiehlt sich eine Auslands- oder Reisekrankenversicherung mit Krankenrücktransport. Oft ist sie in Kreditkartenverträgen, Autoschutzbriefen oder inländischen Krankenzusatzversicherungen enthalten. Nachfragen lohnt sich. Apotheken erkennt man an den grün blinkenden Leuchtkreuzen an der Fassade. An den Wochenenden wechseln sich die Apotheken mit dem Notdienst ab.

Internet

Seit Sommer 2017 entfallen Roamingkosten. Sie können daher mit dem Handy wie daheim im Internet surfen. WLAN (frz. WiFi) gibt es nicht nur kostenlos in fast allen Lokalen, sondern auch Supermärkten, Einkaufszentren und vielen öffentlichen Plätzen und Parks. Eine Auswahl an nützlichen Websites nachfolgend:
www.cotedazur-tourisme.com
Offizielle Internetseite des Tourismusverbands der Destination Riviera / Côte d'Azur
www.french-riviera-tendances.org
Côte-d'Azur-Portal mit Veranstaltungsterminen, Medienlinks und vielen Infos (auch dt.)
https://meinfrankreich.com
Die Reisejournalistin Hilke Maunder stellt alle vier Tage Reiseziele, Erlebnis- und Genusstipps u. v. m. vor – und weckt das Fernweh.
www.provence-netz.de
Urlaubsportal für die Provence und die Côte d'Azur, mit zahlreichen Adressen und Infos

Notruf

Polizei: Tel. 17
Ärztlicher Notruf, Krankenwagen: Tel. 15
Feuerwehr: Tel. 18
Pannenhilfe: Tel. 08 00 08 92 22 (kostenlos)

Öffnungszeiten

Die kleineren Läden und Banken haben meist Di.–Sa. 9.00–12.00 und 14.00–19.00 Uhr geöffnet. Die großen Einkaufszentren und Supermärkte schließen meist um 22.00 Uhr. In Behörden und vielen Museen endet der Arbeitstag oft schon um 17.00 Uhr. Museen haben in der Regel am Mo. und/oder Di. geschlossen.

Restaurants

Restaurantempfehlungen befinden sich auf den Infoseiten der einzelnen Kapitel.
Abends ist das Essen in Restaurants, vor allem direkt an der Küste und in der Hauptsaison, deutlich teurer als in Deutschland oder Österreich. Schweizer Städte wie Genf oder Zürich liegen etwa auf dem gleichen Preisniveau. Sehr günstig isst man in Frankreich überall zu Mittag, v. a. wenn man das Tagesgericht *(plat* oder *formule du jour)* oder das Tagesmenü *(menu du jour)* bestellt. Ersteres gibt es oft schon ab 10 €, Letzteres ab etwa 15 €. Informationen über Restaurants in ganz Frankreich

Info

Daten & Fakten

Geografie: Vor allem die östliche Côte d'Azur zählt zu den am dichtesten besiedelten Gebieten Europas. Zwischen Cannes und Menton ist die Riviera längst zu einer Stadt zusammengewachsen.
Weiter westlich reicht das unter Naturschutz stehende Esterel und danach das ebenfalls in weiten Teilen geschützte Massif des Maures bis ans Meer heran. Selbst rund um die großen Städte Toulon und Marseille gibt es immer noch reichlich unbebaute Naturflächen.

Wirtschaft: Neben dem Tourismus setzt die Region Nizza immer mehr auf Elektronik, Hightech und Forschung. Der in den 1960er-Jahren von mehreren Gemeinden und der Region gegründete Hightech- und Wissenschaftspark Sophia Antipolis bei Valbonne hat sich als führendes Forschungs- und Entwicklungszentrum vor allem in der Telekommunikationstechnik einen Namen gemacht. Nizza selbst ist einer der wichtigsten französischen Hochschulstandorte.
Im Westen der Küste dominierten einst Marine (Toulon), Schiffbau (La Ciotat, Toulon und Marseille) sowie die Häfen (vor allem Marseille). In der Landwirtschaft bestimmt der Weinbau im Var und den Bouches-du-Rhône das Bild. Wegen der hohen Berge und der steinigen Böden gedeihen im Hinterland der Riviera fast nur Oliven und Blumen. Die einst bedeutende Blumenzucht (Nelken und für die Parfümproduktion Jasmin und Rosen) musste immer mehr der billigeren Konkurrenz aus Osteuropa und Asien weichen. Dennoch gelten die Départements Alpes-Maritimes und Var als die wichtigsten Lieferanten von Schnittblumen in Frankreich.

Umwelt: Touristen und Verstädterung setzen dem Meer schwer zu. Im Sommer schwimmen immer noch Unmengen von Müll auf dem Wasser. Auch wenn die Gemeinden an der Küste inzwischen viele Kläranlagen gebaut haben, fließen nach wie vor giftige Industrie- und Landwirtschaftsabwässer ins Mittelmeer. Dort reichern sich die Schadstoffe wie in einer großen Badewanne an. Aus anderen Regionen der Welt eingeschleppte und zum Beispiel mit den Ankern von Jachten verbreitete Algen wie die Caulerpa taxifolia bedrohen die einheimische Meeresflora.

Seifenpracht aus Marseille, Confiserie Florian in Le Bar-sur-Loup bei Grasse, Mimosenfest in Bormes-les-Mimosas

Preiskategorien

€€€€	Menü	über 40	€
€€€	Menü	30–40	€
€€	Menü	20–30	€
€	Menü	unter 20	€

Info

Geschichte

400 000 v. Chr.: Erste menschliche Siedlungsspuren auf dem Gebiet von Nizza
2000 v. Chr.: Felsgravuren im Vallée des Merveilles
900–600 v. Chr.: Ligurer bauen die ersten Wehrdörfer an der Küste.
594 v. Chr.: Griechische Händler aus Phokäa in Kleinasien gründen den Handelsstützpunkt Massalia (Marseille).
100–8 v. Chr.: Die Römer erobern die Region, legen die Via Julia Augusta an.
Ab 3. Jh. n. Chr.: Das Christentum verbreitet sich.
5. Jh.: Ostgoten und Franken besiedeln die Provence.
11. Jh.: Die Provence wird Teil des Heiligen Römischen Reiches Deutscher Nation.
14. Jh.: Durch Pestepidemien verlieren manche Gebiete ein Drittel ihrer Einwohner.
1419: Nizza und seine Umgebung fallen an die Grafen von Savoyen.
1482: Die Provence wird ein Teil Frankreichs.
1489: Monaco wird unabhängig.
1559: Beginn des Bürgerkriegs zwischen Protestanten und Katholiken
1713: Frankreich gibt die Grafschaft Nizza an Savoyen zurück.
1720: Die Pest verbreitet sich von Marseille aus in der ganzen Provence.
1789: Die Französische Revolution erreicht die Provence. Die königstreuen „Barbets" liefern sich Kämpfe mit den Revolutionären.
1814: Napoleon tritt von Fréjus aus die Reise in die Verbannung nach Elba an.
1815: Napoleon erreicht Golfe-Juan und kehrt über Digne nach Paris zurück.
1820: In Nizza leben reiche britische Familien, der Wintertourismus an der Côte d'Azur beginnt. Ab 1850 entstehen mehr Badeorte.
1860: In einer Volksabstimmung entscheidet sich die Grafschaft Nizza für den Anschluss an Frankreich.
1940: Im „Blitzkrieg" erobert Nazi-Deutschland Frankreich, das Land wird geteilt. Der Südosten untersteht der Vichy-Regierung unter Maréchal Pétain.
1942: Die Kommandanten der französischen Flotte versenken ihre Schiffe im Hafen von Toulon, damit sie nicht den deutschen Besatzern in die Hände fallen.
1944: Alliierte Truppen befreien die Region von der deutschen Besatzung.
1946: Erstes Filmfestival in Cannes
1950–1970: Neue Hotels entstehen.
2005: Nach dem Tod von Fürst Rainier III. von Monaco gelangt sein Sohn Albert II. auf den Thron.
2011: Fürst Albert II. heiratet die südafrikanische Exschwimmerin Charlene Wittstock.
2013: Marseille ist „Kulturhauptstadt Europas".
2015: Mit Ethan und Joel Coen haben erstmals zwei Personen den Juryvorsitz bei den Filmfestspielen in Cannes.
2017: Marseille ist „Sporthauptstadt Europas".
2019: Nizza ist Austragungsort der Ironman-Triathlon-WM.

führt die Website www.tous-les-restaurants.com auf. Hier finden sich Adressen, teils auch Öffnungszeiten.
Auf dem Lande bieten viele Gastgeber in ihrem Haus *tables d'hôte* an: Die Wirtsleute kochen für ihre Gäste in der eigenen Küche. In der Regel muss man sich einige Tage vorher anmelden (www.guidevacances.com/hotes).
In den größeren Städten bewirten die gemeinnützigen „Restaurants des Herzens" (Restos du Cœur, www.restosducoeur.org) auch Gäste, die nichts bezahlen können. Das Prinzip: Wer kann, zahlt für sein Essen freiwillig mehr. Vom Überschuss bekommen Mittellose eine Mahlzeit. Das Personal arbeitet ehrenamtlich.

Sport

Golf: Allein in der näheren Umgebung von Cannes, Nizza und Grasse finden sich mehr als 21 Golfplätze. Unter blühenden Mimosen (im Februar) spielt es sich sehr schön in Mandelieu auf dem legendären Old Golf Course (www.golfoldcourse.com), mit Blick aufs Meer auf der Anlage Frégate bei Bandol (www.dolcefregate-golf-provence.com) und am Cap Esterel (oft windig) in Saint-Raphaël. Beliebt sind auch der 18-Loch-Platz Opio Valbonne (www.opengolfclub.com/opiovalbonne) rund um das 4-Sterne-Schlosshotel La Bégude im Schatten hundertjähriger Korkeichen sowie die älteste Anlage an der Côte: Golf de Biot (www.golfdebiot.fr). Ausbildungsplätze mit Trainingsanlagen gibt es u. a. im Beachcomber French Riviera (www.hotel-resort-frenchriviera.com) und Golf Club Nice (www.golf-club-nice.com).
Radfahren: Einsame Straßen schlängeln sich durch das Hinterland der Côte d'Azur im Massif des Maures und im Esterel-Gebirge. Rennrad- und Mountainbikefahrer schätzen das Terrain. 414 Meter hoch ist der Col Babou, für Profis eher ein Hügel, aber einer, der es in sich hat. Im Schatten großer Kastanien, Kork- und Steineichen schlängelt sich die Landstraße von Collobrières aus nach und nach den Pass hinauf, die durchschnittliche Steigung beträgt 4,3 %. Wer es geschafft hat, wird mit der Aussicht über Täler und Schluchten hinweg auf den Mont Faron, die Küste und die Insel Porquerolles belohnt.
Viele Gemeinden haben neue Radwege direkt an der Küste gebaut und Radrouten ausgewiesen, z. B. den „Parcours Cyclable" zwischen La Croix Valmer und Le Lavandou, der überwiegend auf einem ehemaligen Bahndamm verläuft.
Zahlreiche Anbieter vermieten Fahrräder und E-Bikes, zum Beispiel in Nizza, Antibes, Cannes

Info

Reisedaten

Mietwagen: ab ca. 60 € pro Tag, günstiger übers Internet, z. B. www.billiger-mietwagen.de
Benzin: 1 Liter ca. 1,50 €
Ferienhaus: ab ca. 500 € pro Woche
Menü: 3 Gänge mit einem Glas Wein ab ca. 20 € (mittags), 28 € (abends) p. Pers.
Einfaches Essen: ab 8 €
Wein: Glas Rosé (0,1 Liter) in der Kneipe/Bar ab ca. 1,80 €
Milchkaffee: ab ca. 2,50 €

und Villeneuve-Loubet (www.loca-bike.fr). Organisierte Mehrtagestouren bieten u. a. www.france-bike.com und www.bike-frankreich.com.
Infos zu Radrouten und zum Radwandern im Var unter www.franceavelo.com.
In den meisten Regional- und Nahverkehrszügen darf man Fahrräder mitnehmen (angezeigt wird dies über das Fahrradzeichen am Waggon). Nachts und bei schlechter Sicht sind Radler verpflichtet, eine Warnweste zu tragen. Mountainbikes heißen in Frankreich VTT (Vélo Tout Terrain), E-Bikes VEA (Vélo Assistance Électrique).
Reiten: Allein das Département Var hat rund 250 km Reitwege angelegt. An der Strecke liegen Reiterhöfe und andere Angebote für Reiterinnen und Reiter (www.visitvar.fr/provence-cote-azur/pleine-nature/equitation/les-equi-decouvertes).
Surfen: Beliebte Surfstrände sind die Plage de l'Almanarre in Hyères, Plage de la Bouillabaisse in Saint-Tropez, Plage de Bonnegrâce in Six-Fours-les-Plages und die Plage Borély bei Marseille.
Tauchen: Vor Fréjus und Saint-Raphaël locken noch einige alte Wracks die Taucher ins Meer, ebenso vor Marseille. Tauchschulen gibt es in vielen Ferienorten an der Küste. Adressen sind auf den jeweiligen Infoseiten angegeben.
Wandern: An der Küste verlaufen markierte Wanderwege um die Halbinseln Cap Martin, Cap Ferrat und Cap d'Antibes. Zahlreiche weitere Wanderwege führen durch die Seealpen, den Nationalpark Mercantour an der italienischen Grenze, das Esterel-Gebirge und das Massif des Maures, oft mit grandiosen Ausblicken auf die Küste. An der östlichen Riviera ragen die Alpen an vielen Stellen fast senkrecht aus dem Meer. Wanderwege sind hier schmal und steil. Wer losgeht, sollte schwindelfrei sein und sich entsprechend ausrüsten.
Die **Fernwanderwege** sind als GR (Sentier de Grande Randonnée) markiert. Ein Erlebnis ist der Calanques-Wanderweg GR 98b östlich von Marseille. Der GR 653A (von Menton nach Arles) ist offizieller Teil des Jakobswegs auf der Via Aurelia.
In den Départements an der Küste betreut jeweils ein Comité Départemental de Randonnée Pédestre die Wanderwege.

Die Internetseiten des französischen Wanderbundes (Fédération de la Randonnée Pédestre) bieten in französischer Sprache Wanderführer, Routenbeschreibungen, Erklärungen der Wegmarken *(balisage)*, Informationen zu Unterkünften und viele weitere Tipps – für die Region Alpes-Maritimes: www.cdrp06.org; für das Département Var: http://var.ffrandonnee.fr.
Auf Deutsch bietet die Internetseite www.fernwege.de zahlreiche Informationen zum Wandern in allen Regionen Europas, auch an der Côte d'Azur.

Strände

An der Riviera, dem Küstenabschnitt zwischen Cannes und der italienischen Grenze, werden die Strände in Richtung Osten steiniger. Die meisten Gemeinden haben jedoch in ihrem Stadtgebiet Sandstrände aufgeschüttet, zum Beispiel Antibes, Beaulieu, Biot, Cannes, Cap Ferrat, Golfe-Juan, Juan-les-Pins, Menton und Villefranche. Nizza hat an der Promenade des Anglais einen der schönsten Stadtstrände Europas – allerdings gibt es hier statt Sand nur große Kieselsteine.
Kleine sandige Badebuchten bietet die Küste des Esterel-Gebirges zwischen Cannes und Saint-Raphaël. Hier soll das erstaunlich klare Wasser besonders sauber sein.
Sandstrände findet man an der mittleren und westlichen Küste, zum Beispiel im Naturschutzgebiet an der Mündung des Flüsschens Argens und den Teichen Étangs de Villepey (Stadtbus ab Fréjus oder mit dem Auto zum ausgeschilderten Parkplatz, dann zu Fuß weiter). Weitere große Sandstrände gibt es in Pampelonne nahe Saint-Tropez. Mehr Informationen zu Stränden im Raum Saint-Tropez erhält man über www.plagemed.com.

Telefon

Inland: Frankreich hat fünf regionale Vorwahlen: 01 steht für Paris, 04 für den Südosten. 06 ist die Vorwahl zu den Mobilfunknetzen. Inzwischen sind viele Einheimische nur noch über Handy (*portable* oder GSM) erreichbar. Die zweistelligen Regionalvorwahlen oder die 06 fürs Handynetz müssen immer mitgewählt werden, auch bei Ortsgesprächen.
Die Vorwahl aus Frankreich nach Deutschland ist +49, nach Österreich +43, in die Schweiz +41. Dann lassen Sie die Null der Ortsvorwahl weg.
Aus dem Ausland wählen Sie +33 für Frankreich und lassen die Null der Regionalvorwahl weg. Monaco hat die Landeskennzahl +377.

Unterkunft

Ferienwohnungen/Privatzimmer: Mitglieder einer Vielzahl von Verbänden und Labels bieten Quartiere an:
Charme et Traditions: Ferienwohnungen und Gästezimmer, zumeist bei Privatvermietern auf dem Land (www.de.charme-traditions.com).
Gîtes de France: Gästezimmer, Herbergen, Ferienwohnungen oder auch Schlafen im Schloss (www.gites-de-france-paca.com).
Pour les vacances: Gästezimmer bei Privatleuten, eine Art Bed & Breakfast (www.pour-les-vacances.com).
Campingplätze: Größere Campingplätze finden sich eher im Hinterland und an der weni-

Ob Schönes oder Nützliches: Die Auswahl an Souvenirs ist nicht nur in Cassis überreichlich.

ger dicht bebauten westlichen Côte d'Azur (www.campingdirect.com/de).
Hotels: Die Preise für Hotelzimmer variieren stark. Vor allem in der Hochsaison im Juli/August bzw. anlässlich von Veranstaltungen wie z. B. den Filmfestspielen in Cannes sollte man unbedingt vorab buchen. Die Kategorisierung: Hotels für höchste Ansprüche besitzen fünf Sterne, für einfachste Bedürfnisse einen Stern. Die Infoseiten bieten eine Auswahl an Hotels; Preisangaben: DZ ohne Frühstück.

Verkehrsmittel

Das schnellste und bequemste Verkehrsmittel sind die **Regionalzüge** des Netzes TER (Transport Express Régional, www.ter-sncf.com). Sie verbinden entlang der Mittelmeerküste fast alle Orte zwischen der italienischen Grenzstadt Ventimiglia (Vintimille) und Cannes oder Saint-Raphaël, zwischen Saint-Raphaël und Toulon sowie zwischen Toulon und Marseille (Bahnhof Saint-Charles). Meist genießt man unterwegs freien Blick aufs Meer. Taschenfahrpläne bekommt man kostenlos an allen Bahnhöfen. Die Fahrpläne und Tarife sind für nicht Französisch sprechende Reisende allerdings mitunter nicht ganz leicht zu verstehen.
Zur Bahnstrecke **Train des Pignes** s. Seite 49.
Darüber hinaus existiert ein dichtes **Busnetz**, über das die Fremdenverkehrsämter (Office de Tourisme) und die Busbahnhöfe (Gare Routière) Auskunft geben. Buslinien nach Départements unter www.transbus.org. Über die Linien des örtlichen Anbieters Envibus informieren www.envibus.fr oder Tel. 04 89 87 72 00. Die kommunalen Linienbusbetreiber der Alpes-Maritimes haben ihre Netz- und Fahrpläne auf einer Website zusammengestellt: www.symitam.fr. Jede Fahrt mit dem Linienbus kostet 1,50 €.
Mit dem **French Riviera Pass** (http://de.nicetourisme.com/french-riviera-pass; 24 Std. 26 €, 48/36 €, 72/56 €) kann man in Nizza alle Busse und Bahnen nutzen, inkl. Panoramabus „Nice Le Grand Tour", und man erhält Vergünstigungen in vielen Museen in und um Nizza.
Die **Côte d'Azur Card,** ein 3-Tages-Pass (Erw. 45 € / Kinder 4–12 J. 25 €), www.cotedazur-card.com), schließt im Sommer rund 180 Aktivitäten ein, darunter Klettern im Hochseilgarten und Überfahrten zu den Lerinischen Inseln.

Preiskategorien

€€€€	Doppelzimmer	über 250 €
€€€	Doppelzimmer	180–250 €
€€	Doppelzimmer	90–180 €
€	Doppelzimmer	unter100 €

Info

Wetterdaten Nizza

	TAGES-TEMP. MAX.	TAGES-TEMP. MIN.	WASSER-TEMP.	TAGE MIT NIEDER-SCHLAG	SONNEN-STUNDEN PRO TAG
Januar	12°	4°	13°	9	5
Februar	13°	4°	12°	7	5
März	15°	7°	14°	8	5
April	17°	9°	15°	9	8
Mai	20°	13°	16°	8	9
Juni	24°	16°	20°	5	10
Juli	27°	18°	22°	2	12
August	27°	18°	24°	4	10
September	25°	16°	21°	7	9
Oktober	22°	11°	19°	9	6
November	17°	8°	16°	9	5
Dezember	13°	5°	14°	9	4

Eine der vielen attraktiven Seiten von Marseille: die Schiffsanlegestelle „Vallon des Auffes"

Register

Fette Ziffern verweisen auf Abbildungen

Impressum

4. Auflage 2018

Verlag: DuMont Reiseverlag, Postfach 3151, 73751 Ostfildern, Tel. 0711 45 02-0, Fax 0711 45 02-135, www.dumontreise.de
Geschäftsführer: Dr. Thomas Brinkmann, Dr. Stephanie Mair-Huydts
Programmleitung: Birgit Borowski
Redaktion: Christiane Wagner, Leinfelden-Echterdingen
Text: Robert Fishman; **Aktualisierung:** Hilke Maunder, Hamburg
Exklusiv-Fotografie: Björn Göttlicher
Titelbild: Strand an der Promenade des Anglais (laif)
Zusätzliches Bildmaterial:
Dumont Bildarchiv / R. Gerth S. 19 o. re., 43 u., 71 o., 90/91, 93 u., 100 o.li, 108 u., 113 li., 114 u. re., 114 o. li., 116 u.r., 118 o.re.; Dumont Bildarchiv / Joachim Wackenhut 34 o. re., 83 li., 84 li., 84 o. re., 99 u.re.; Dumont Bildarchiv / Dirk Renckhoff 35 o.; Robert Fishman S. 31 u., 45 o., 48 u. li., 107 u.; Getty / Didier Baverel 110 re., Getty / Franz-Marc Frei S. 110 li., Getty / Borut Furlan S. 18 re., Getty / Jean-Luc Luyssen 19 o.li., Getty / Stuart Black S. 8/9; Huber Images / Belenos S. 81 o. li., Huber Images / Gräfenhain S. 61, Huber Images /Martin Dr. Schulte Kellinghaus 81 o. re.; istock: S. 18 u. re., palau83 81 u. re., 101 o. re.; laif S. 100 u. li., laif / hemis.fr / Michel Cavalier 83 u. re., hemis.fr / Camille Moirenc 33 u. re., 47 re., 99 o. re., hemis.fr / Hervé Hughes 47 li., hemis.fr / Bertrand Orteo 34 u.; Look / Photononstop S. 18 li., Look / Thomas Stankiewicz 81 u. re.; mauritius images / age S. 80 re., mauritius images / Alamy S. 19 u. re., 31 o. re., 48 u. re., 69 u. re., 111 u., mauritius images / Luis Davilla 34 o. li., mauritius images / Giovanni Guarino 111 o. re., mauritius images / Imagebroker / Sergio Pitamitz 48 o. li., mauritius images / Robert Harding 80 li., mauritius images / Westend61 / Werner Dieterich 111 o. li.; picture alliance / Westend61 / Werner Dieterich 10/11; Shutterstock: kostolom3000 80 o., Nearbirds 18 o.,110 o., primiaou 85 o.; vectorstock/saenal78 110 u.; © VG Bild-Kunst, Bonn 2017 für Marc Chagall S. 40 u., Fernand Léger 63 li., Martial Raysse 41 re., © SBJ/VG Bild-Kunst, Bonn 2017 für César 41 re., © Morgan Art Foundation/ARS, New York/VG Bild-Kunst, Bonn 2017 für Robert Indiana, 41 re., © Successió Miró/VG Bild-Kunst, Bonn 2017 für Joan Miró 69 o. re.; www.esterel-cotedazur.com S. 85 (unten), www.provence4u.com S. 101 u.
Textquellen: www.visitmonaco.com (Zitat S. 34); Albert Gleizes und Jean Metzinger, „Über den Kubismus", zit. nach: Kunsttheorie im 20. Jahrhundert, Ostfildern 2003, S. 232 (S. 84); www.la-provence-verte.net/de/ (eingesehen Nov. 2017; S. 100).
Grafische Konzeption, Art Direktion: fpm factor product münchen
Cover Gestaltung: Neue Gestaltung, Berlin
Layout: CYCLUS · Visuelle Kommunikation, Stuttgart
Kartografie: © MAIRDUMONT GmbH & Co. KG, Ostfildern
Kartografie Lawall (Karten für „Unsere Favoriten")
DuMont Bildarchiv: Marco-Polo-Straße 1, 73760 Ostfildern, Tel. 0711/4502-266, Fax 0711/4502-1006, bildarchiv@mairdumont.com

Anzeigenvermarktung: MAIRDUMONT MEDIA, Tel. 0711/4502-0, Fax 0711/4502-1012, media@mairdumont.com, http://media.mairdumont.com
Vertrieb Zeitschriftenhandel: PARTNER Medienservices GmbH, Postfach 810420, 70521 Stuttgart, Tel. 0711/7252-212, Fax 0711/7252-320
Vertrieb Abonnement: Leserservice DuMont Bildatlas, Zenit Pressevertrieb GmbH, Postfach 810640, 70523 Stuttgart, Tel. 0711/7252-265, Fax 0711/7252-333, dumontreise@zenit-presse.de
Vertrieb Buchhandel und Einzelhefte: MAIRDUMONT GmbH & Co KG, Marco-Polo-Straße 1, 73760 Ostfildern, Tel. 0711/4502-0, Fax 0711/4502-340
Reproduktionen: PPP Pre Print Partner GmbH & Co. KG, Köln
Druck und buchbinderische Verarbeitung: NEEF + STUMME premium printing GmbH & Co. KG, Wittingen, Printed in Germany

Lieferbare Ausgaben

Hamburgs Herz pocht an Elbe und Alster.

Die Kanaren sind vom Klima begünstigt – beste Voraussetzung für herrliche Strandtage.

Hamburg

Deutschlands Tor zur Welt
Der Hafen ist das Aushängeschild der Hansestadt, aber Hamburg hat natürlich noch weit mehr zu bieten, wir präsentieren alle Highlights.

Urbane Visionen
Aus alten Hafenvierteln werden trendige Stadtteile. Erleben Sie das „neue" Hamburg.

Shopping hanseatisch
Hamburger Trend-Labels und Traditionshäuser, hier kaufen Sie zwar nicht günstig, aber gut!

Teneriffa
La Palma · La Gomera · El Hierro

Paradiesische Inseln
Sie wissen noch nicht wohin? Wir stellen Ihnen die Westkanaren ausführlich in Bild und Wort vor.

Exklusiv wohnen
Warum sich nicht mal etwas Besonderes gönnen, die besten Adressen auf Teneriffa und den kleinen Kanareninseln.

Wandern mit Aussicht
Unsere Favoriten – die neun erlebnisreichsten Wanderungen auf den westlichen Kanaren.

www.dumontreise.de

DEUTSCHLAND
119 Allgäu
092 Altmühltal
105 Bayerischer Wald
180 Berlin
162 Bodensee
175 Chiemgau, Berchtesgadener Land
013 Dresden, Sächsische Schweiz
152 Eifel, Aachen
157 Elbe und Weser, Bremen
168 Franken
020 Frankfurt, Rhein-Main
112 Freiburg, Basel, Colmar
028 Hamburg
026 Hannover zwischen Harz und Heide
042 Harz
023 Leipzig, Halle, Magdeburg
131 Lüneburger Heide, Wendland
188 Mecklenburgische Seen
038 Mecklenburg-Vorpommern
033 Mosel
190 München
047 Münsterland
015 Nordseeküste Schleswig-Holstein
006 Oberbayern
161 Odenwald, Heidelberg
035 Osnabrücker Land, Emsland
002 Ostfriesland, Oldenburger Land
164 Ostseeküste Mecklenburg-Vorpommern
154 Ostseeküste Schleswig-Holstein
136 Pfalz
040 Rhein zw. Köln und Mainz
185 Rhön
186 Rügen, Usedom, Hiddensee
137 Ruhrgebiet
149 Saarland
182 Sachsen
081 Sachsen-Anhalt
117 Sauerland, Siegerland
159 Schwarzwald Norden
045 Schwarzwald Süden
018 Spreewald, Lausitz
008 Stuttgart, Schwäbische Alb
141 Sylt, Amrum, Föhr
142 Teutoburger Wald
170 Thüringen
037 Weserbergland
173 Wiesbaden, Rheingau

BENELUX
156 Amsterdam
011 Flandern, Brüssel
179 Niederlande

FRANKREICH
177 Bretagne
021 Côte d'Azur
032 Elsass
009 Frankreich Süden Okzitanien
019 Korsika
071 Normandie
001 Paris
198 Provence

GROSSBRITANNIEN/IRLAND
187 Irland
130 London
189 Schottland
030 Südengland

ITALIEN/MALTA/KROATIEN
181 Apulien, Kalabrien
017 Gardasee, Trentino
110 Golf von Neapel, Kampanien
163 Istrien, Kvarner Bucht
128 Italien, Norden
005 Kroatische Adriaküste
167 Malta
155 Oberitalienische Seen
158 Piemont, Turin
014 Rom
165 Sardinien
003 Sizilien
140 Südtirol
039 Toskana
091 Venedig, Venetien

GRIECHENLAND/ZYPERN/TÜRKEI
034 Istanbul
016 Kreta
176 Türkische Südküste, Antalya
148 Zypern

MITTEL- UND OSTEUROPA
104 Baltikum
094 Danzig, Ostsee, Masuren
169 Krakau, Breslau, Polen Süden
044 Prag
193 St. Petersburg

ÖSTERREICH/SCHWEIZ
192 Kärnten
004 Salzburger Land
196 Schweiz
144 Tirol
197 Wien

SPANIEN/PORTUGAL
043 Algarve
093 Andalusien
150 Barcelona
025 Gran Canaria, Fuerteventura, Lanzarote
172 Kanarische Inseln
124 Madeira
174 Mallorca
007 Spanien Norden, Jakobsweg
118 Teneriffa, La Palma, La Gomera , El Hierro

SKANDINAVIEN/NORDEUROPA
166 Dänemark
153 Hurtigruten
029 Island
099 Norwegen Norden
178 Norwegen Süden
151 Schweden Süden, Stockholm

LÄNDERÜBERGREIFENDE BÄNDE
123 Donau – Von der Quelle bis zur Mündung
112 Freiburg, Basel, Colmar

AUSSEREUROPÄISCHE ZIELE
183 Australien Osten, Sydney
109 Australien Süden, Westen
195 Costa Rica
024 Dubai, Abu Dhabi, VAE
160 Florida
036 Indien
027 Israel, Palästina
111 Kalifornien
031 Kanada Osten
191 Kanada Westen
171 Kuba
022 Namibia
194 Neuseeland
041 New York
184 Sri Lanka
048 Südafrika
012 Thailand
046 Vietnam